PURPOSEFUL
Thinking
Adult Coloring Book

Stacy Y. Whyte

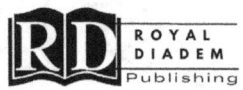

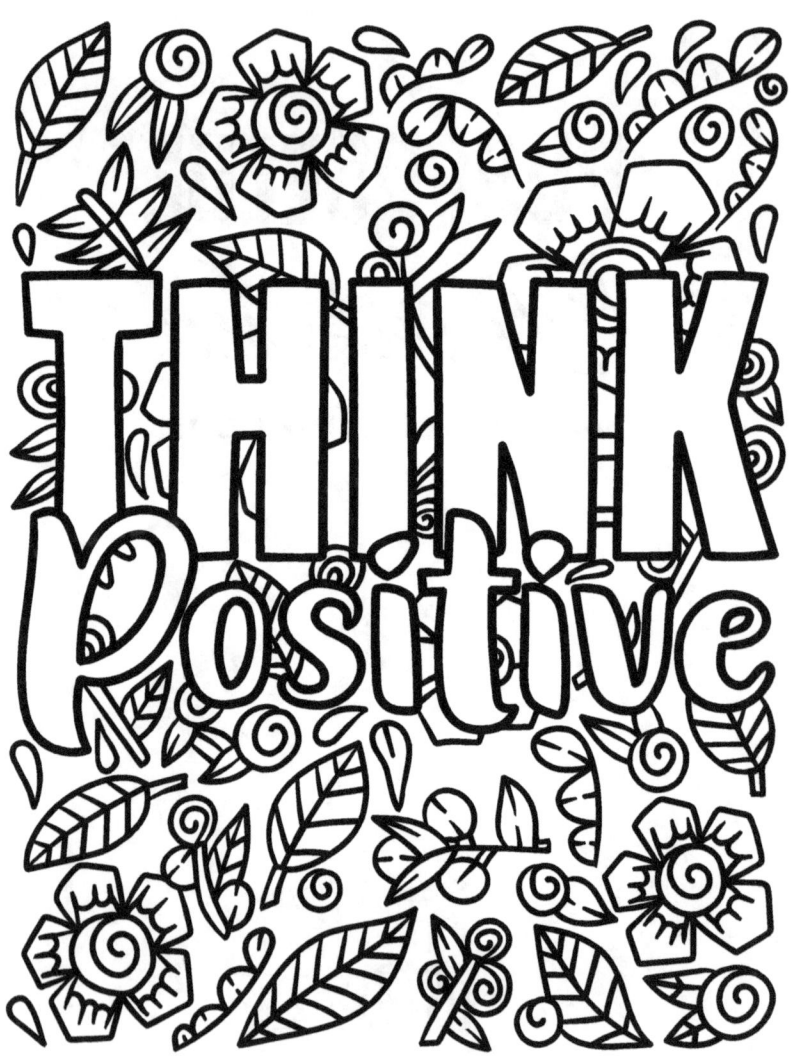

Purposeful Thinking

Purposeful Thinking

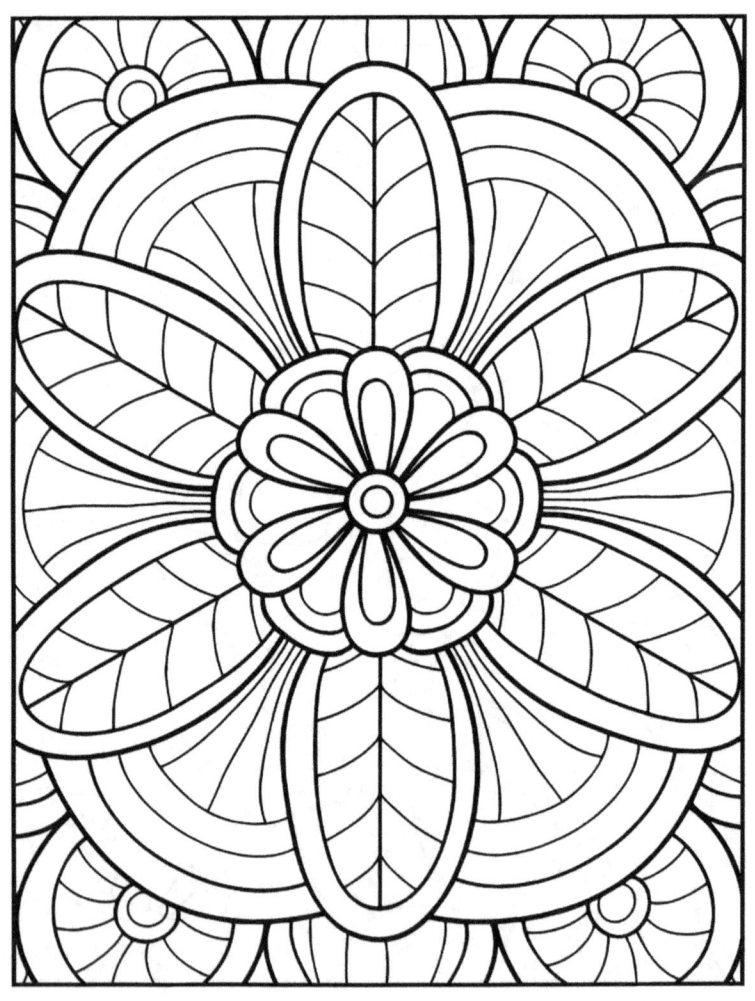

Purposeful Thinking

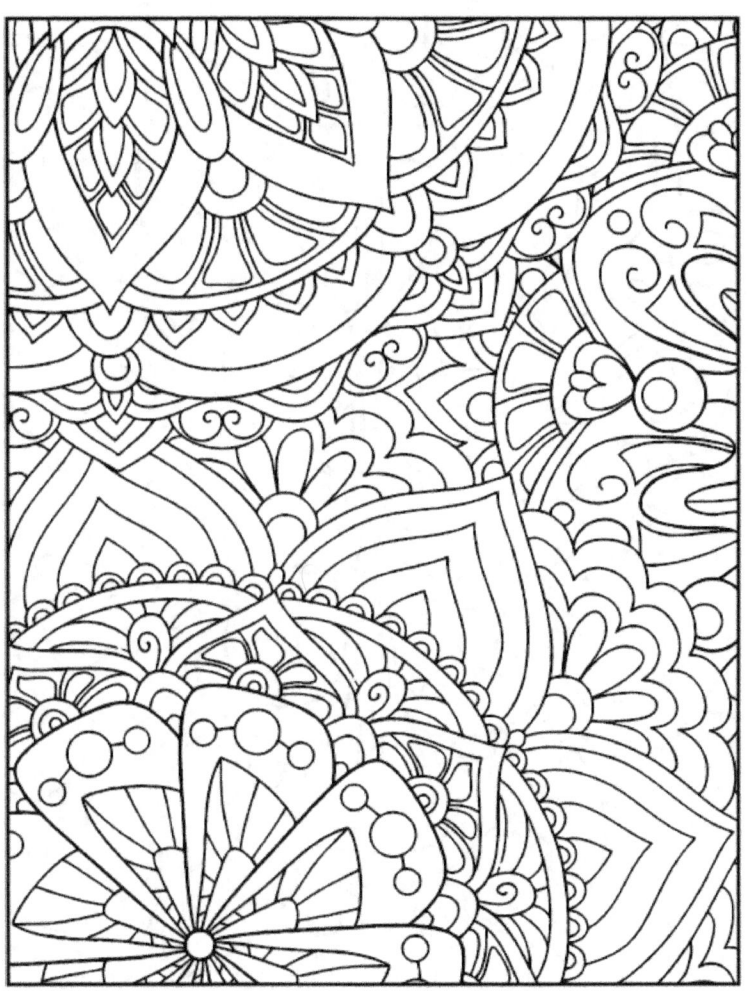

Purposeful Thinking

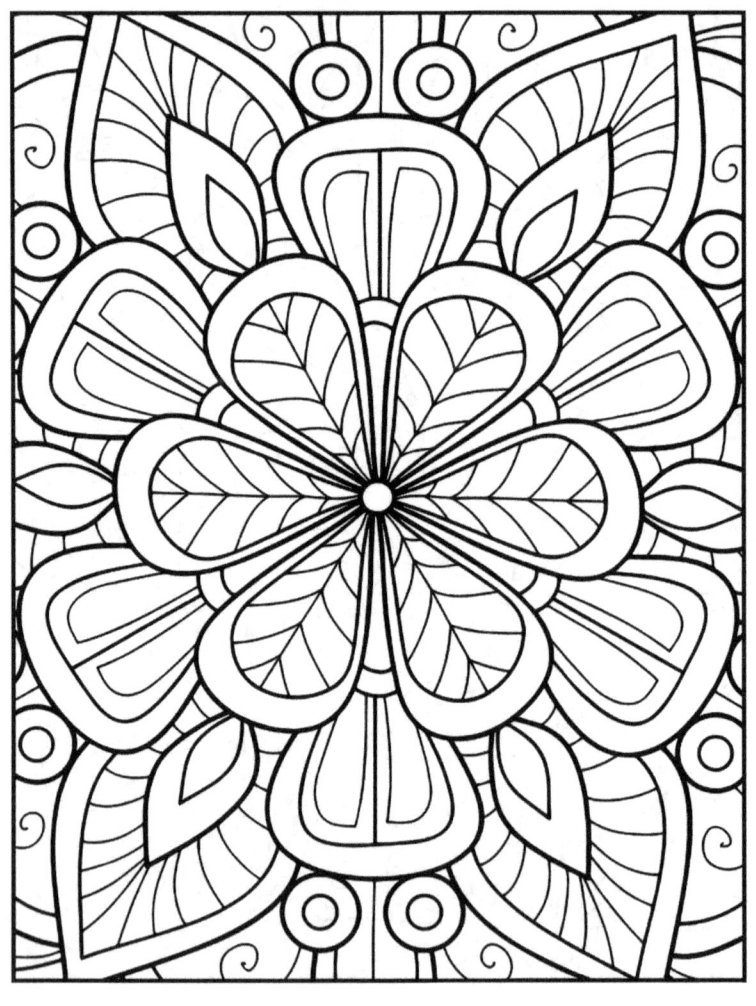

Purposeful Thinking

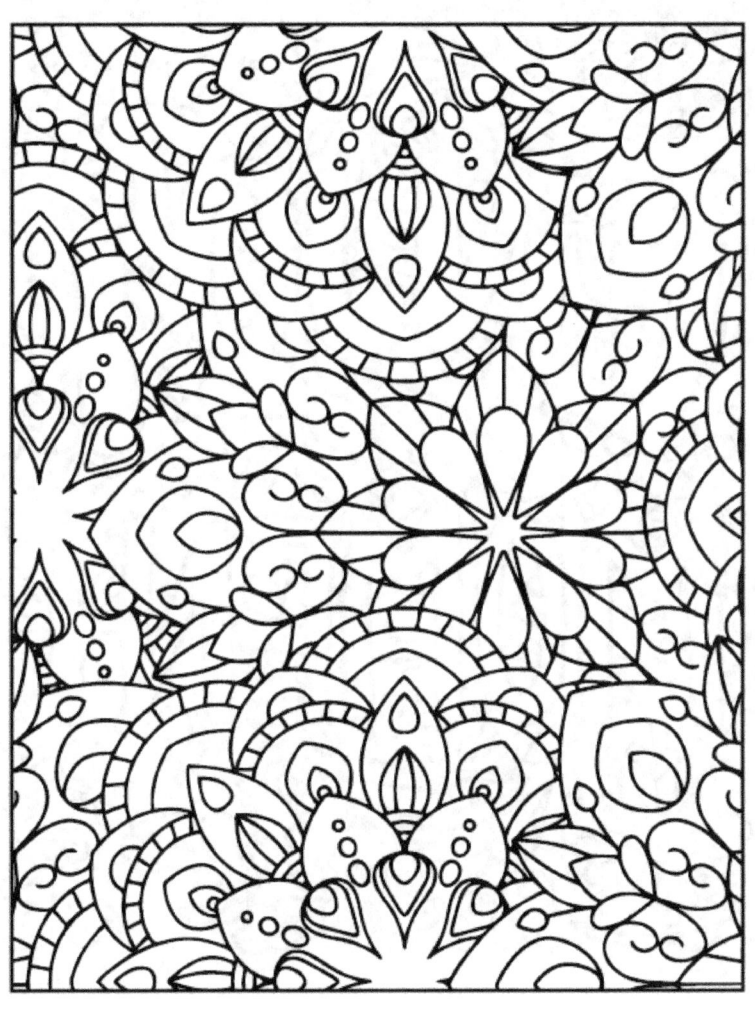

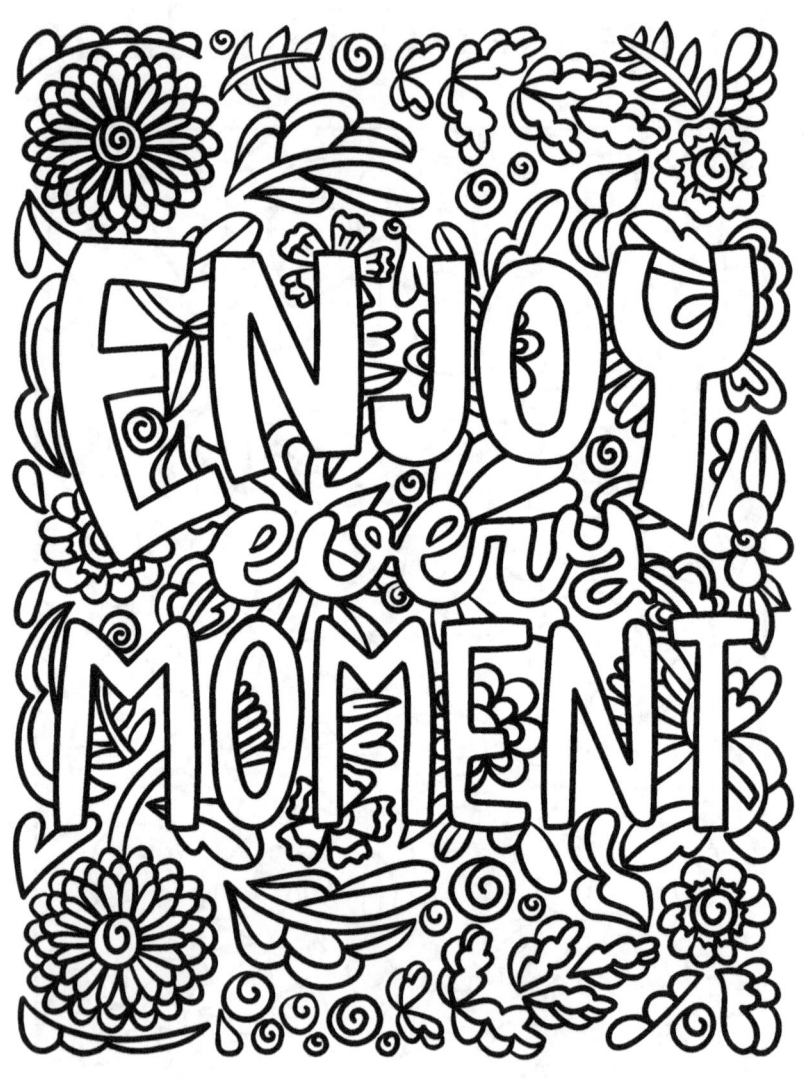

Purposeful Thinking

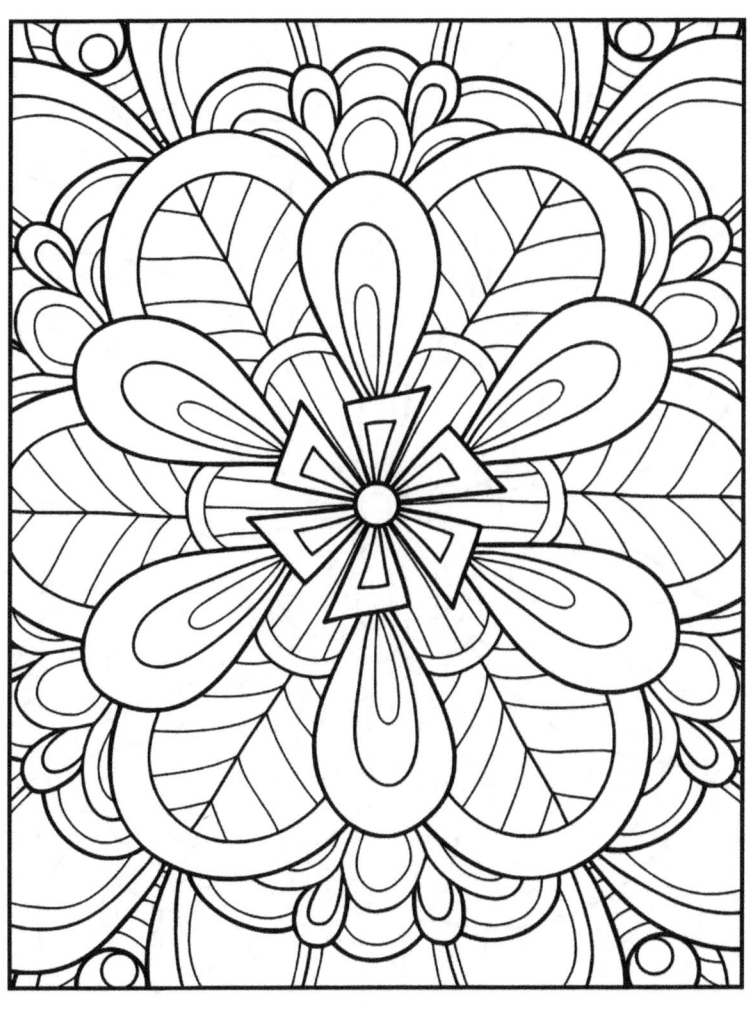

Purposeful Thinking

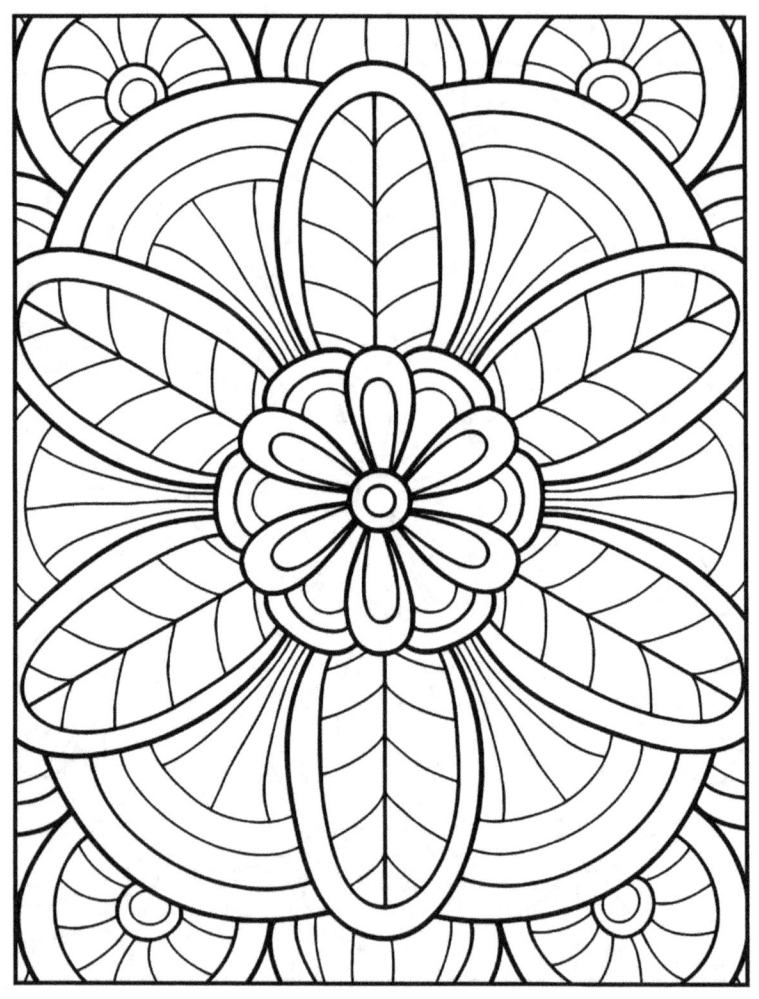

Purposeful Thinking

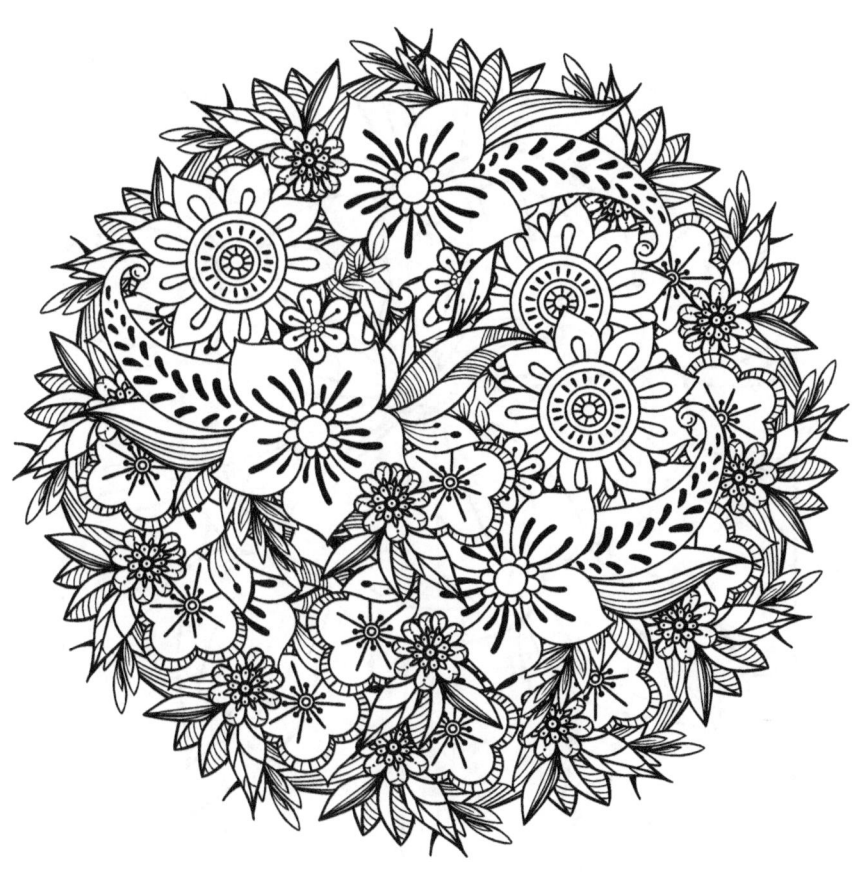

Purposeful Thinking

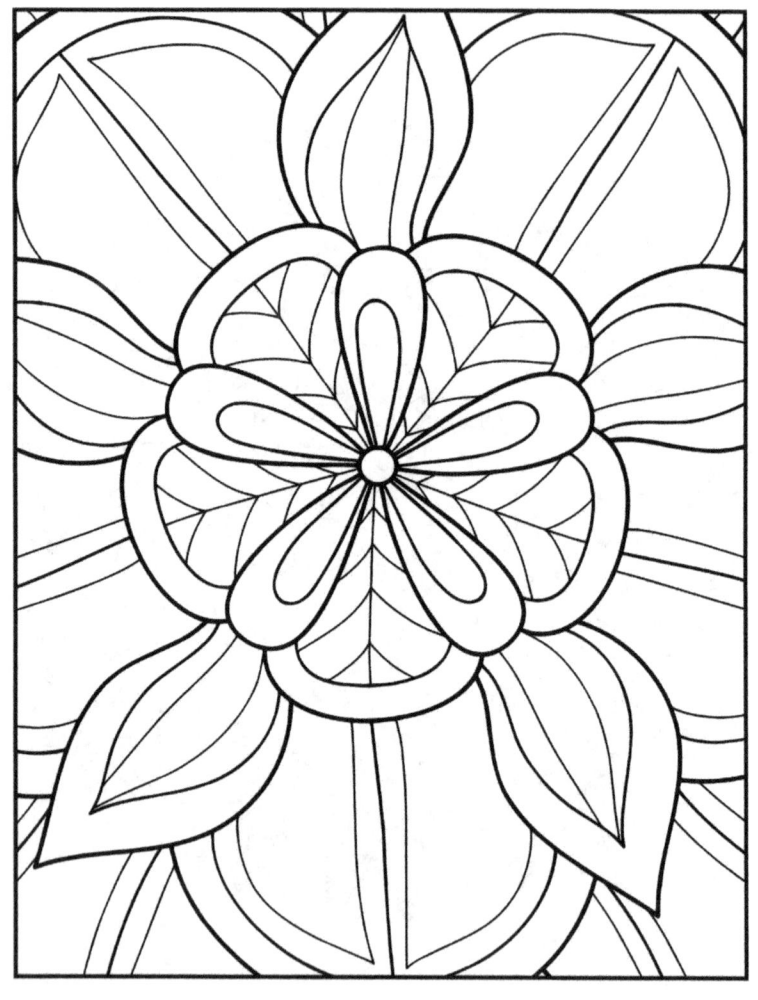

Purposeful Thinking

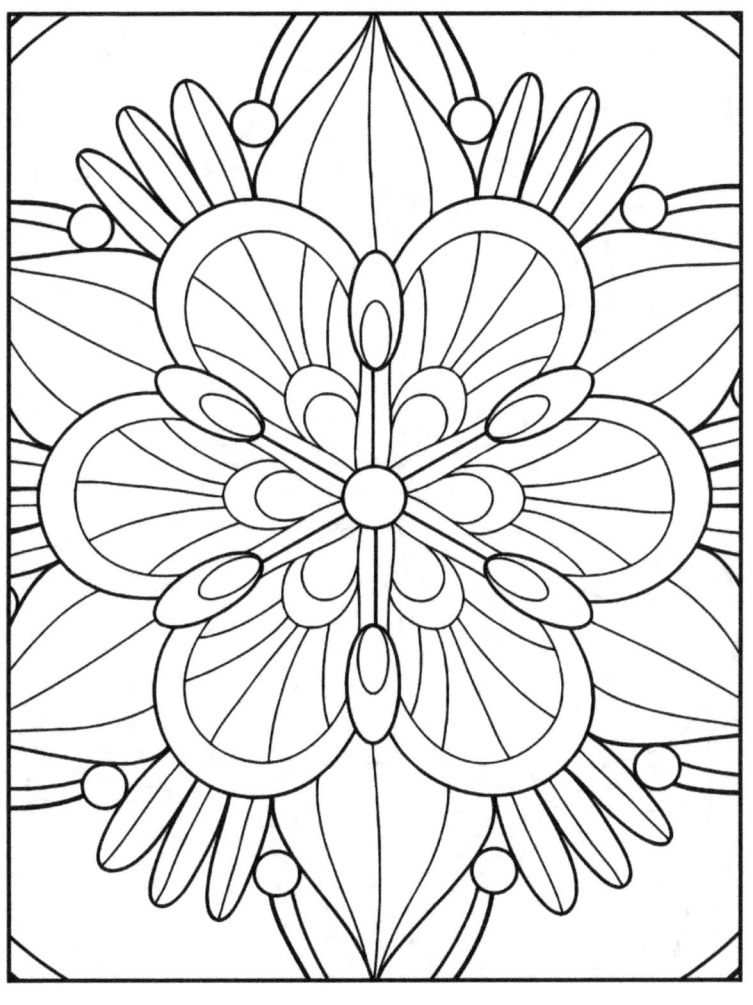

Purposeful Thinking

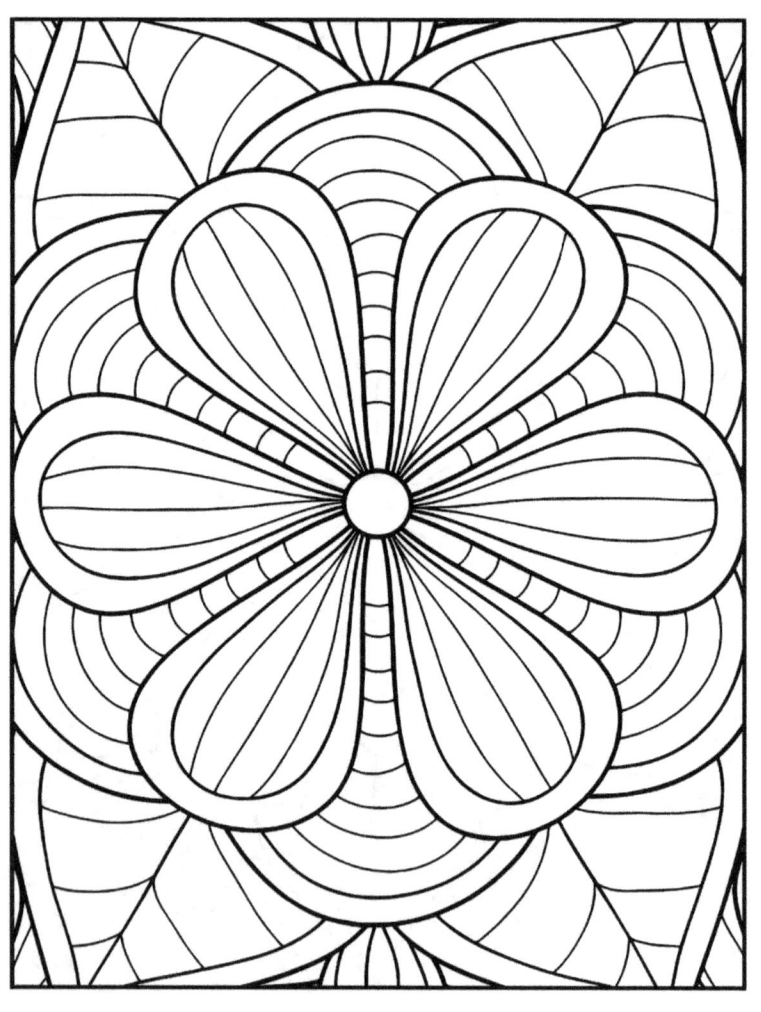

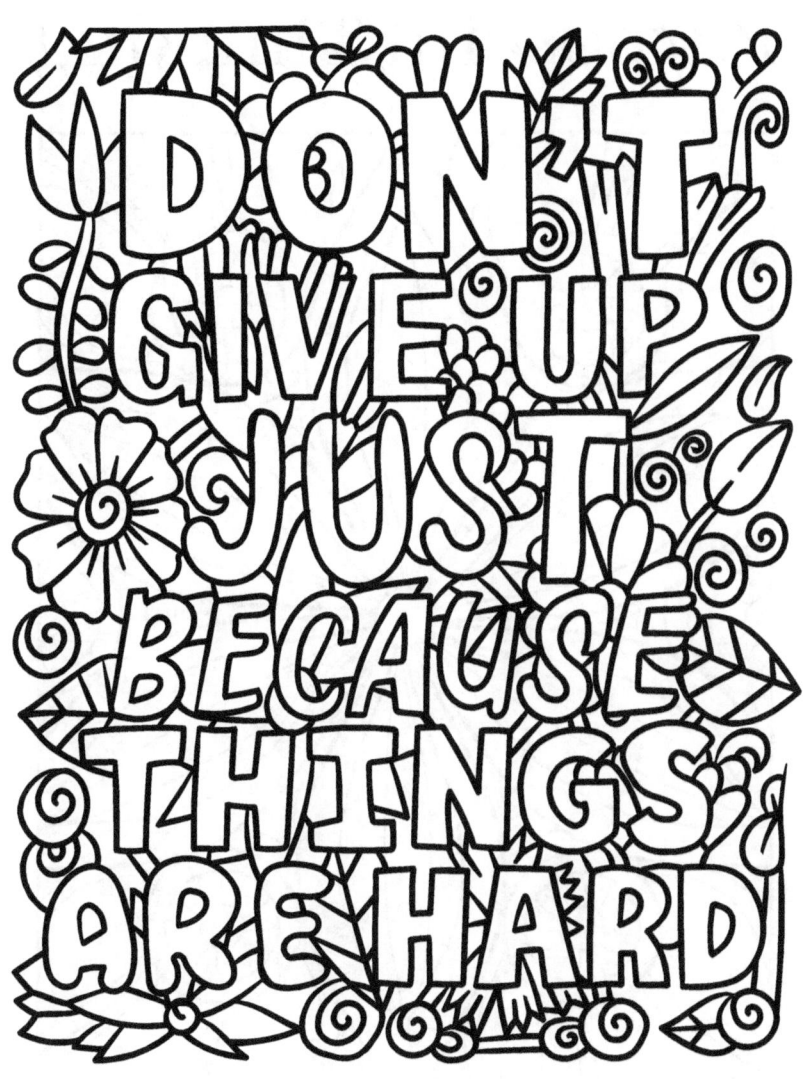

Purposeful Thinking

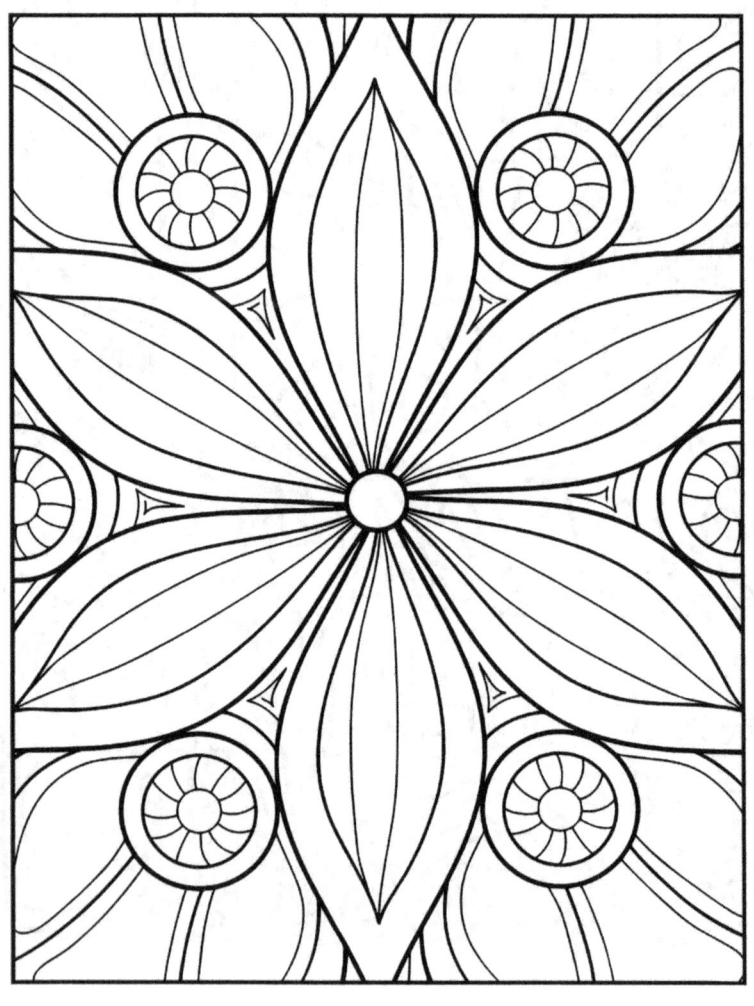

Purposeful Thinking

Purposeful Thinking

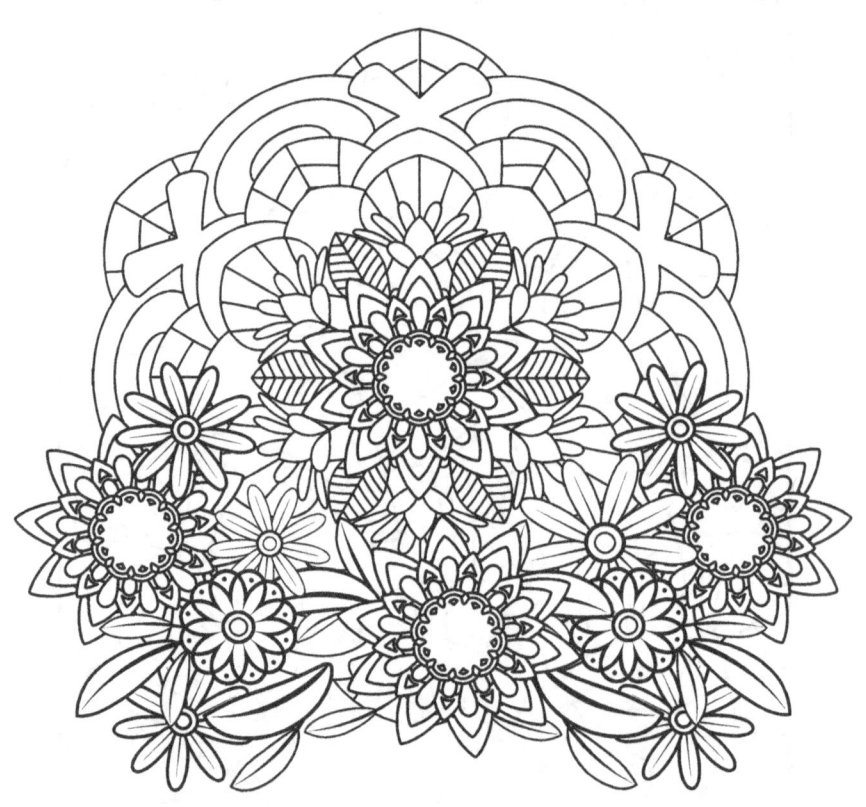

Purposeful Thinking

Purposeful Thinking

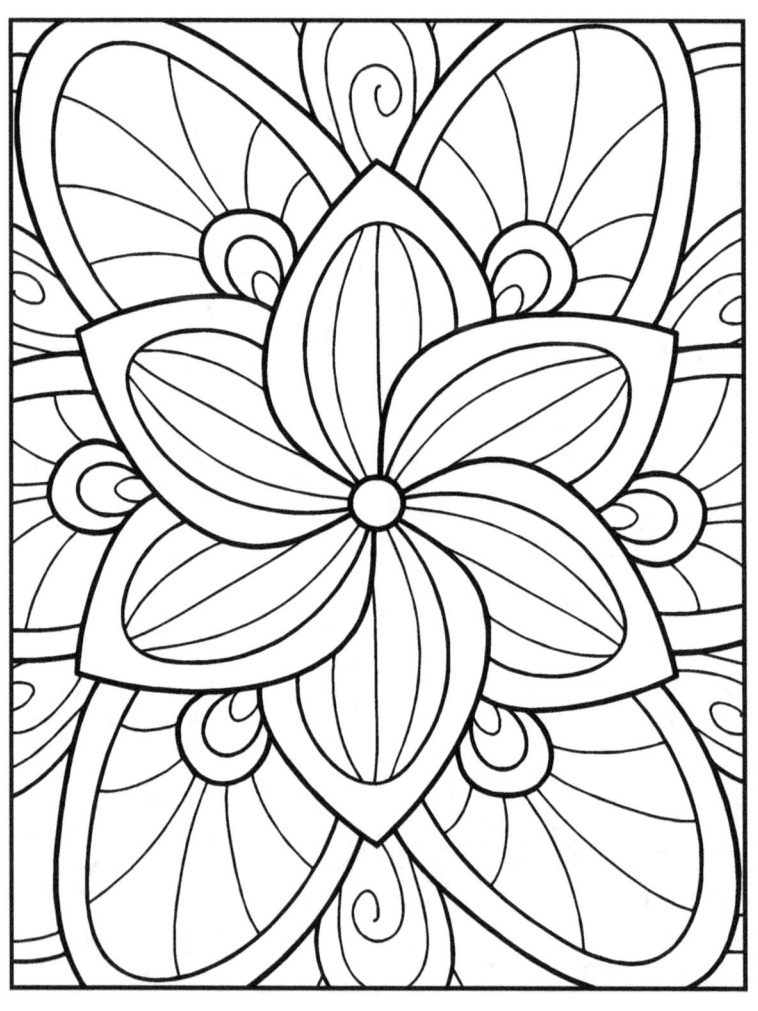

Purposeful Thinking

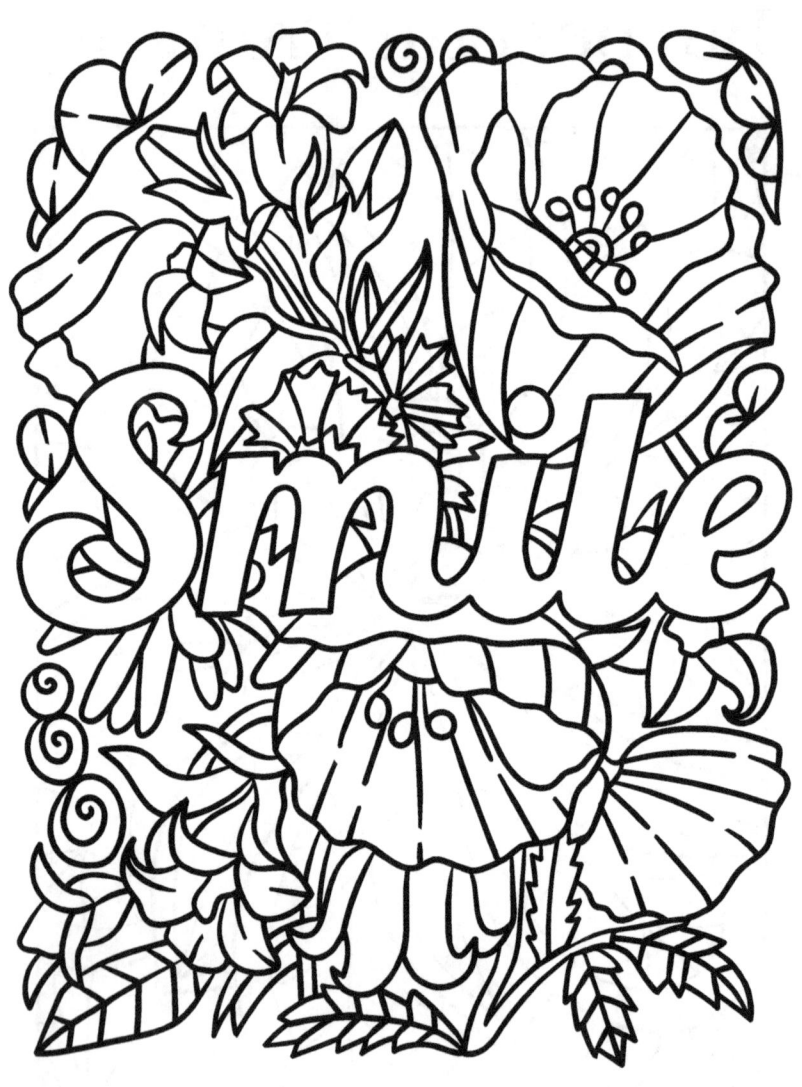

Purposeful Thinking

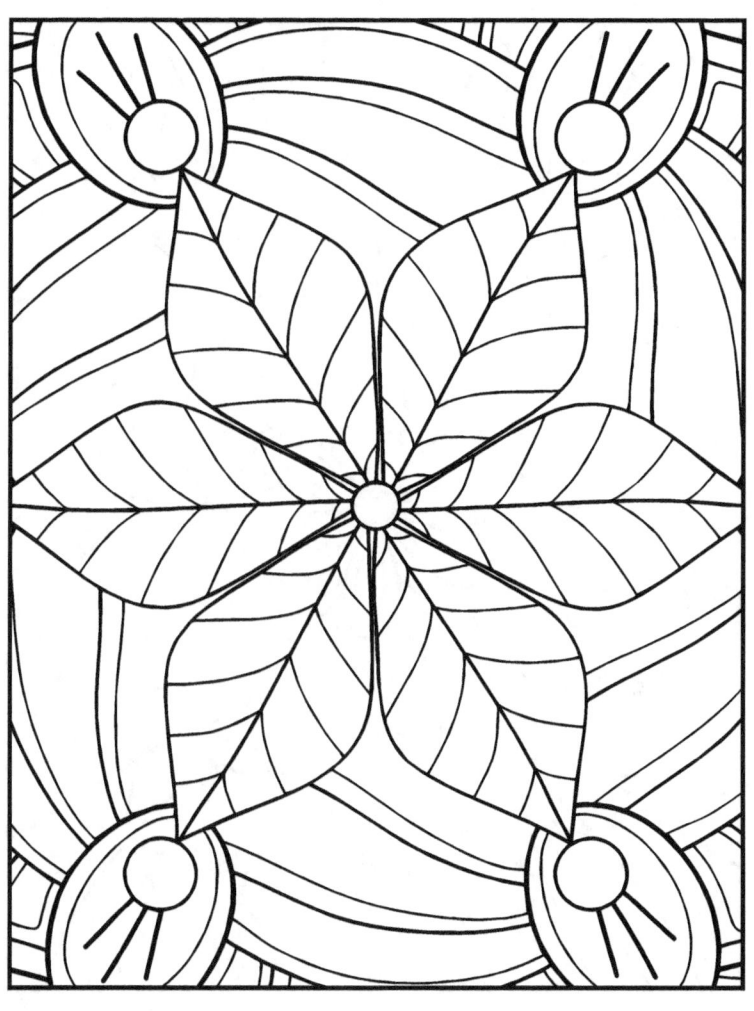

Purposeful Thinking

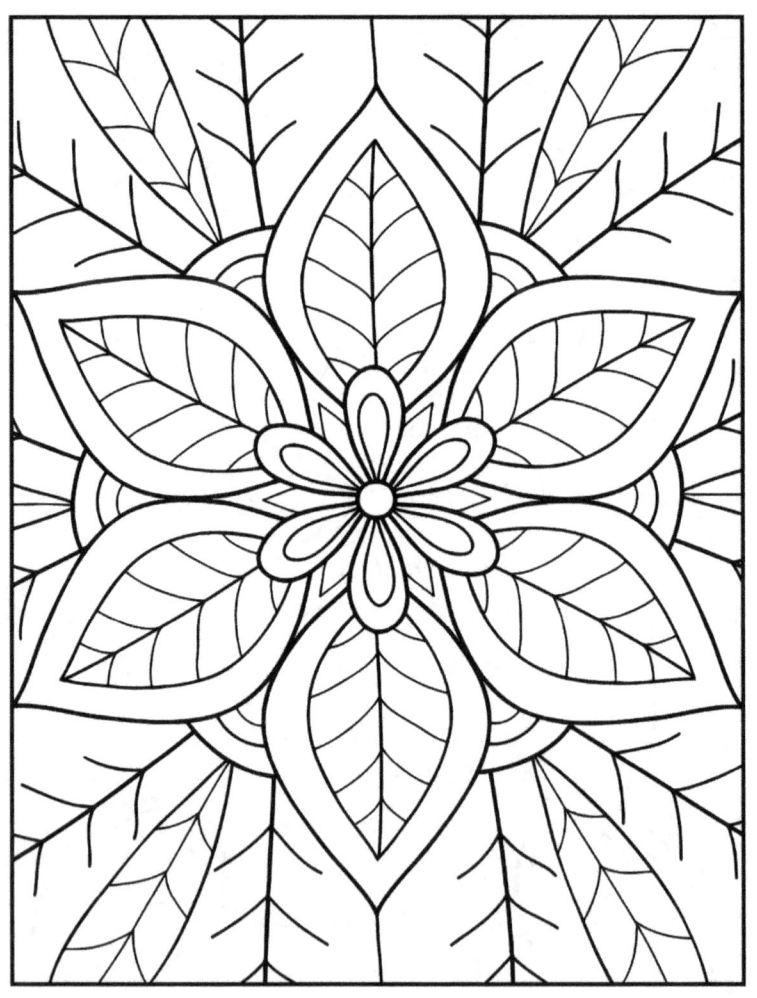

Purposeful Thinking

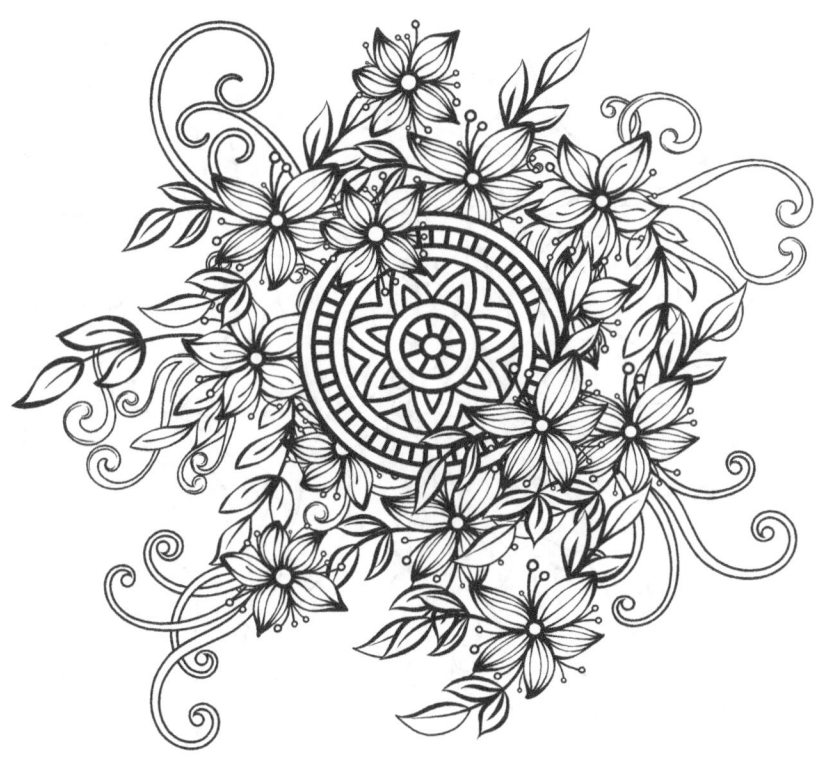

Purposeful Thinking

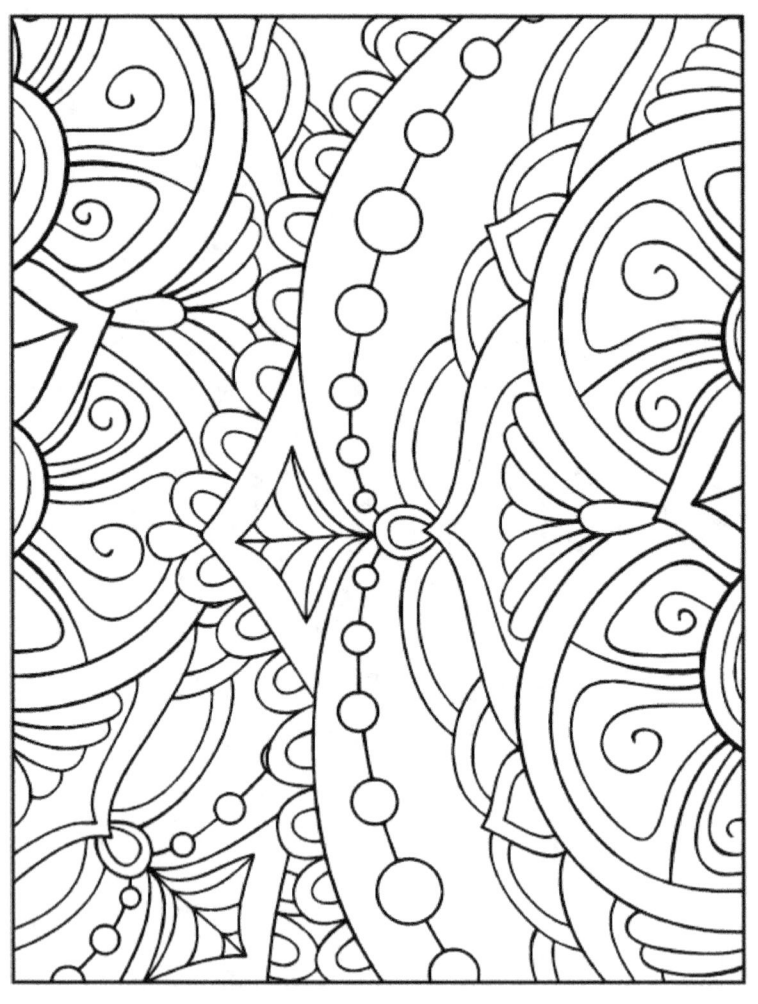

Purposeful Thinking

Purposeful Thinking

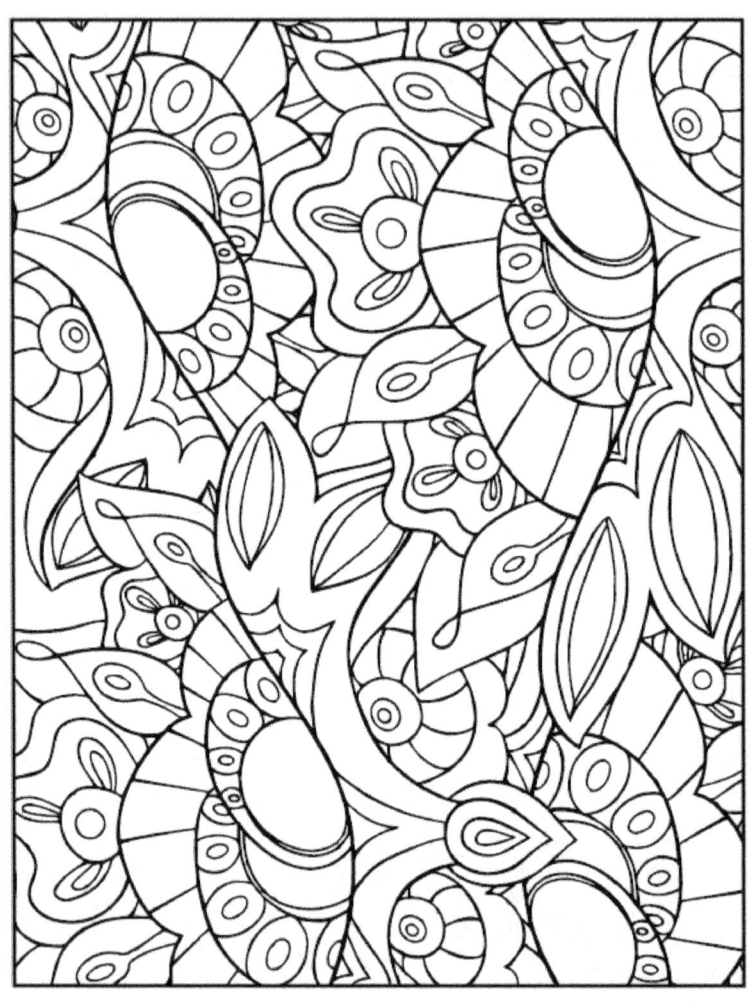

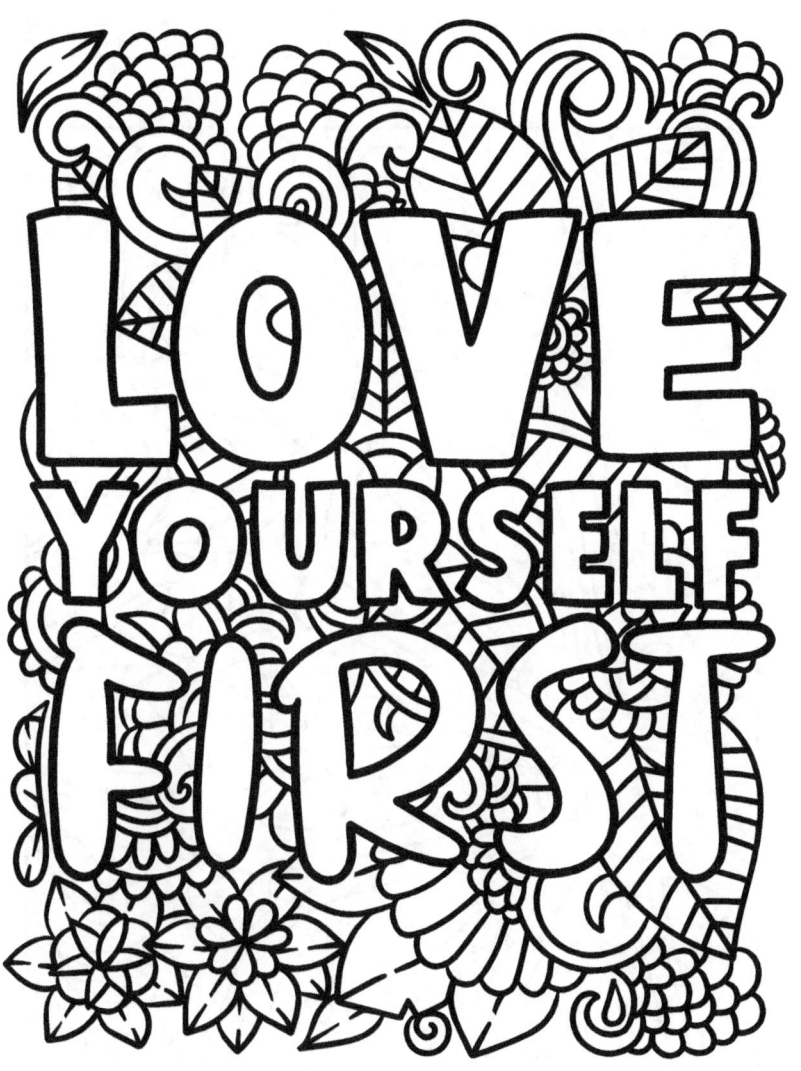

Purposeful Thinking

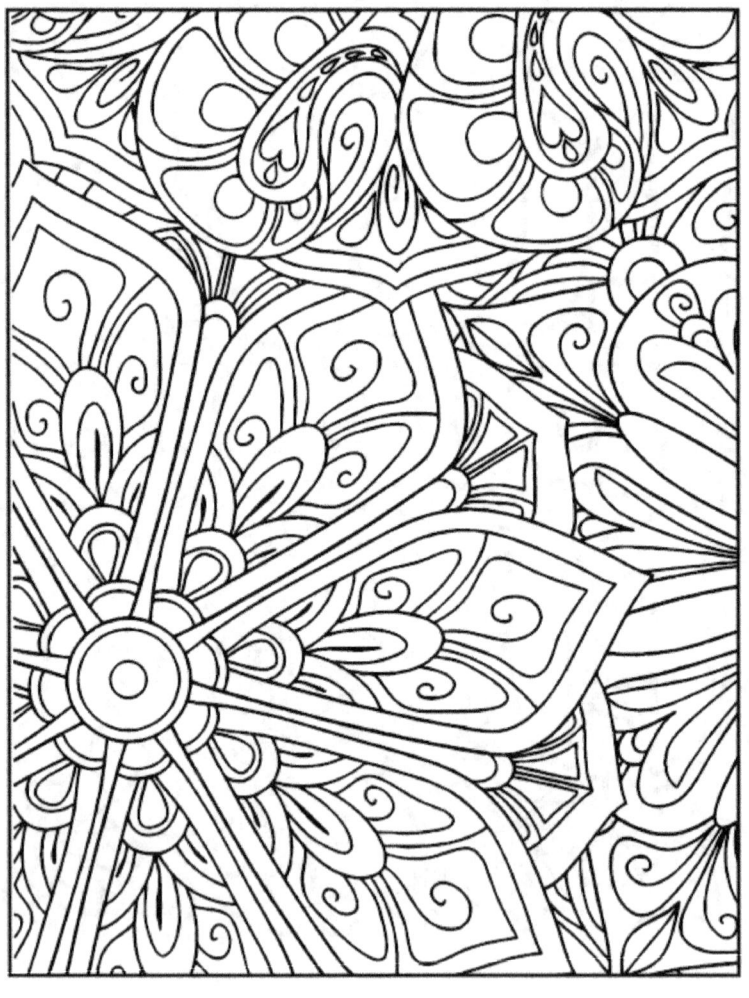

Purposeful Thinking

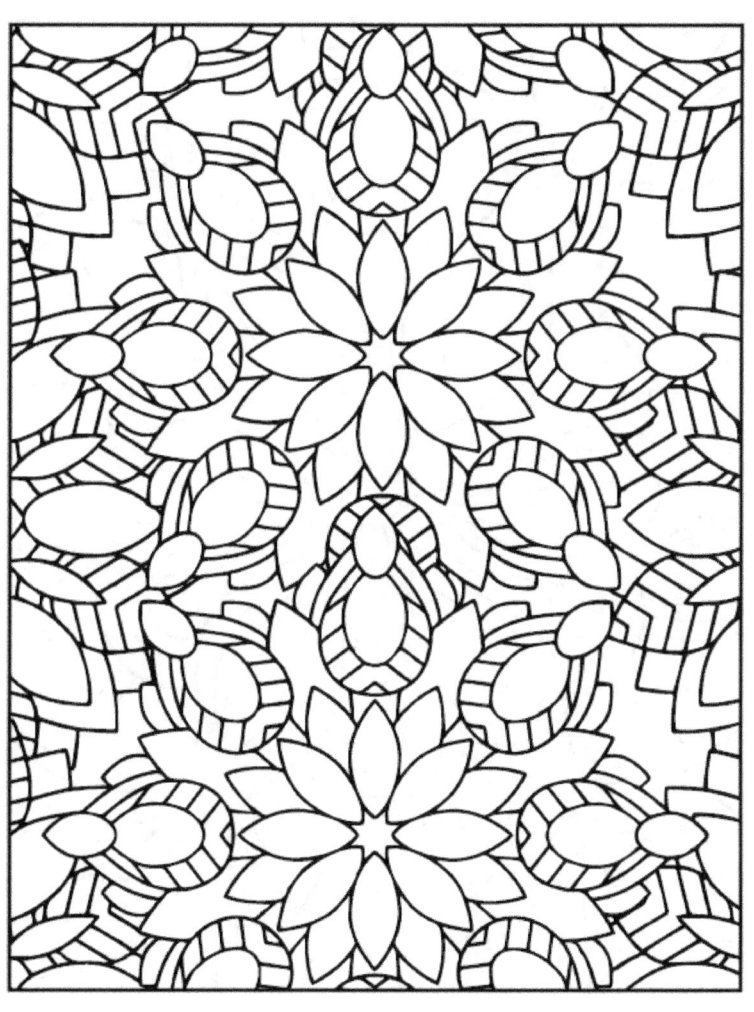

Purposeful Thinking

Purposeful Thinking

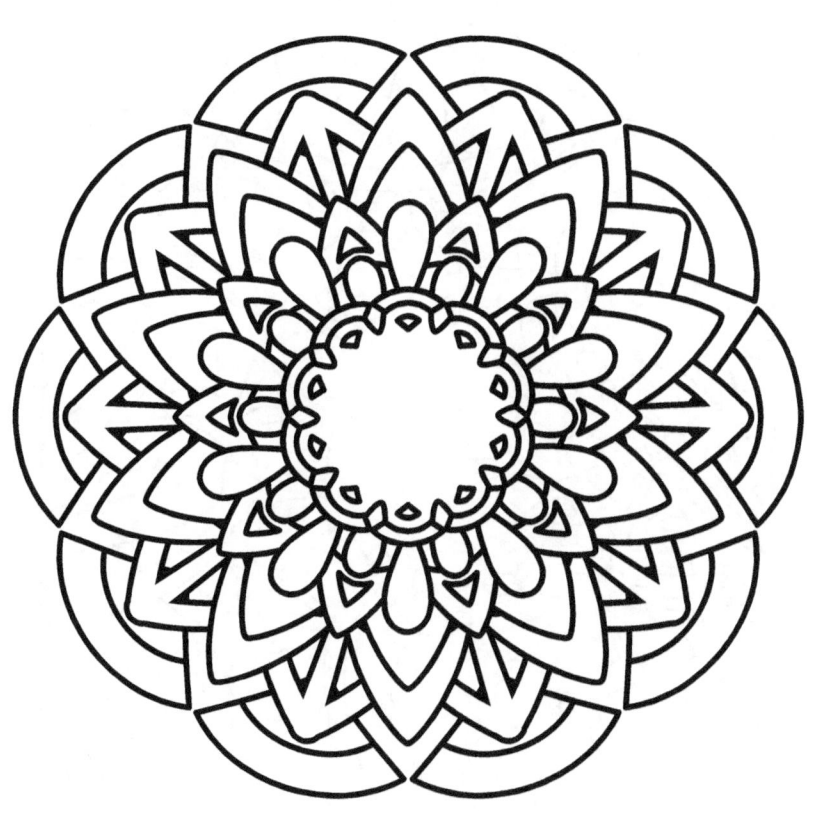

Purposeful Thinking

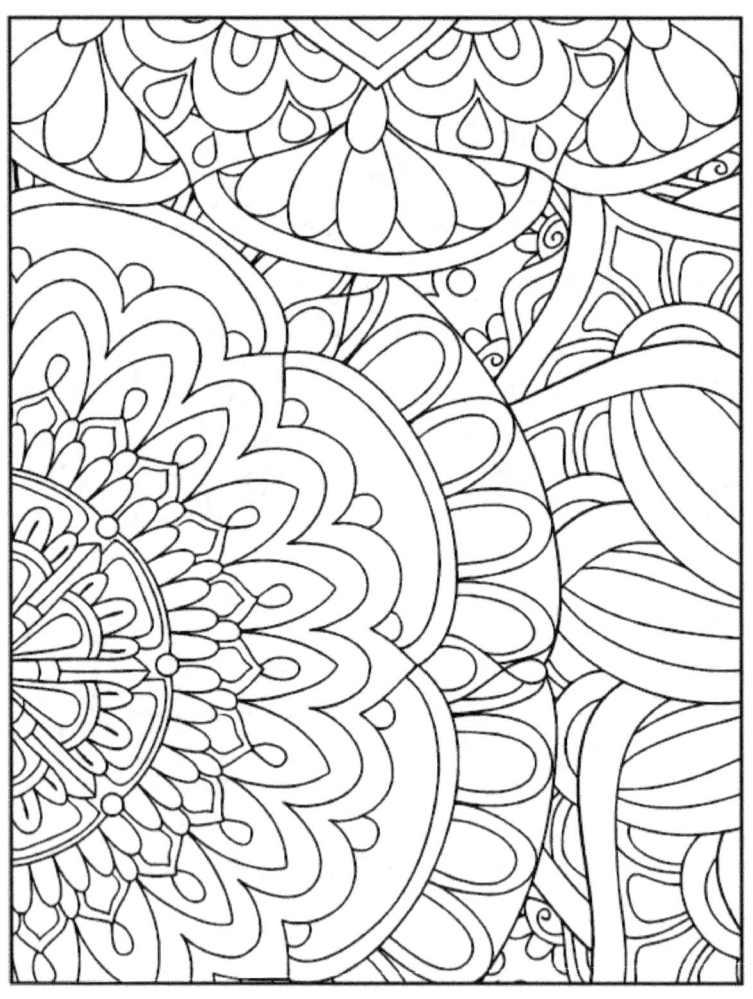

Purposeful Thinking

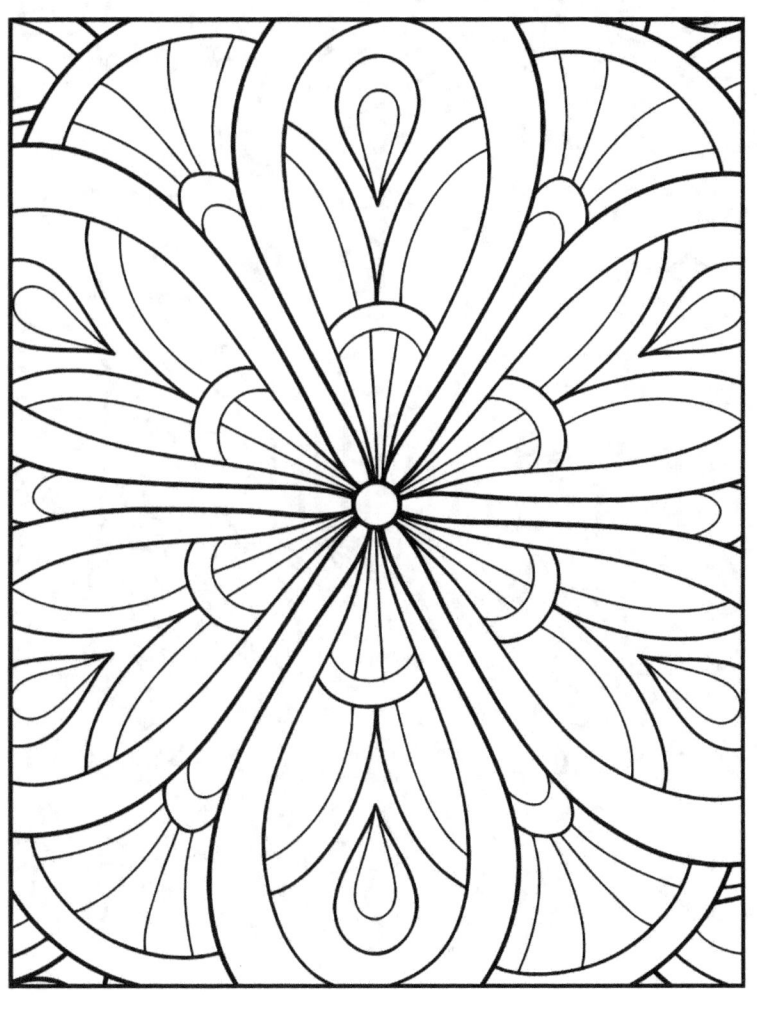

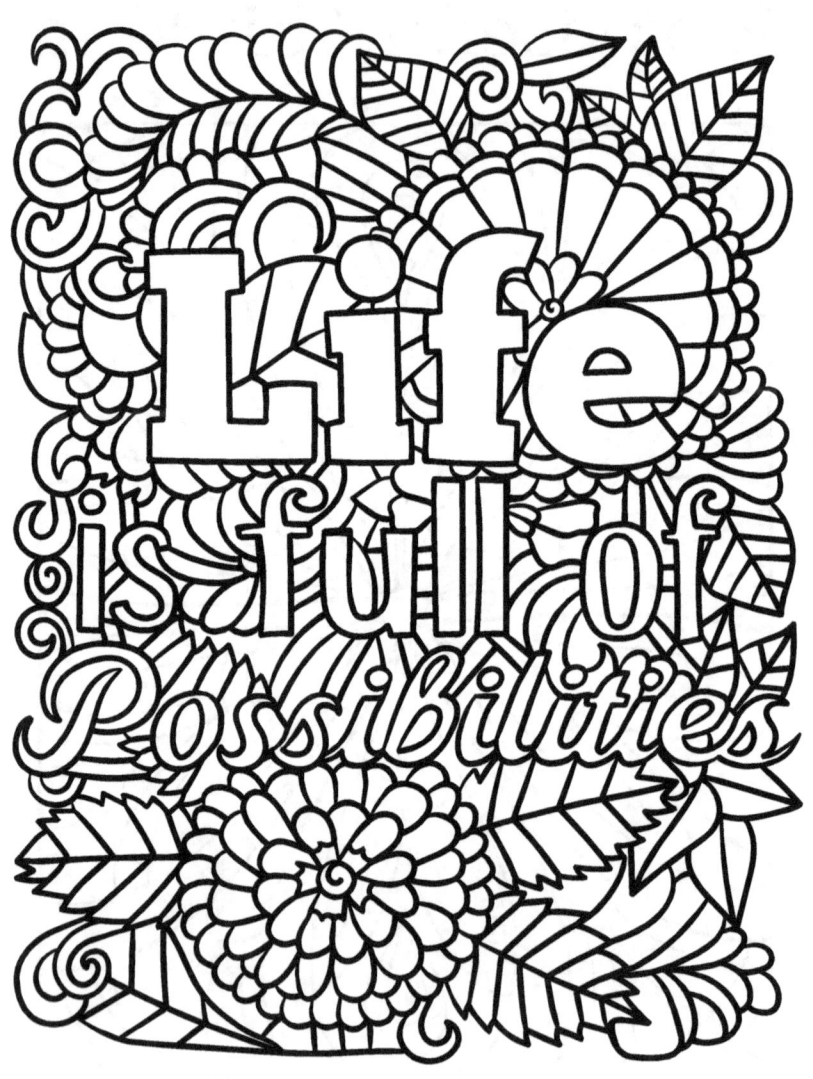

Purposeful Thinking

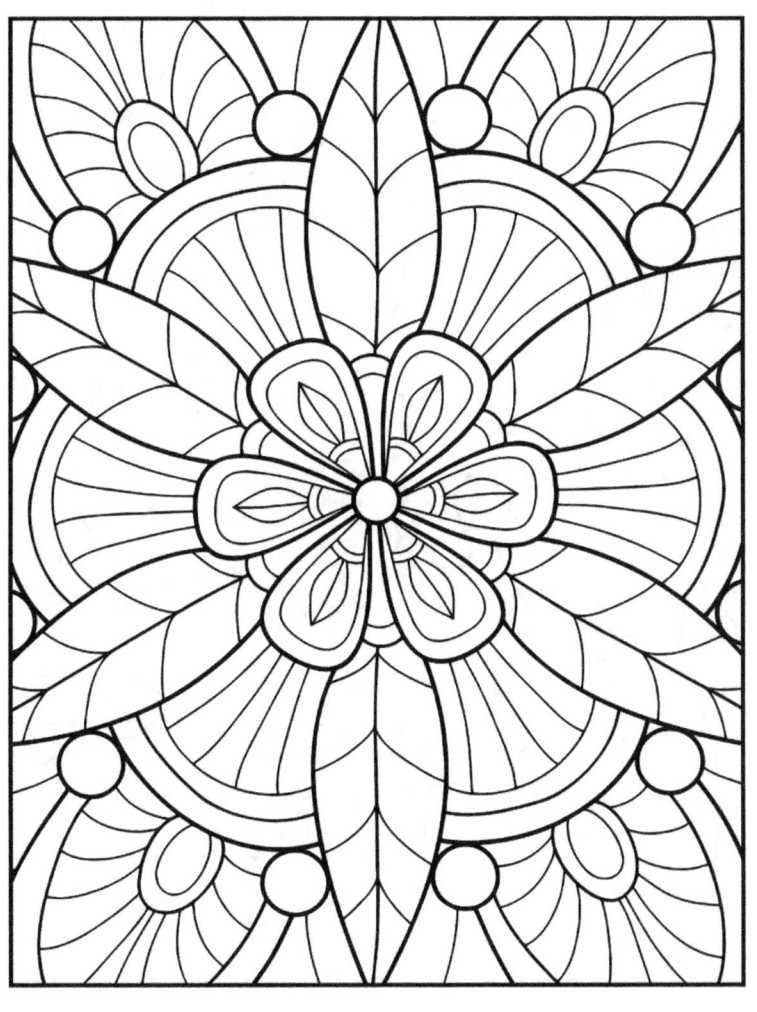

Purposeful Thinking

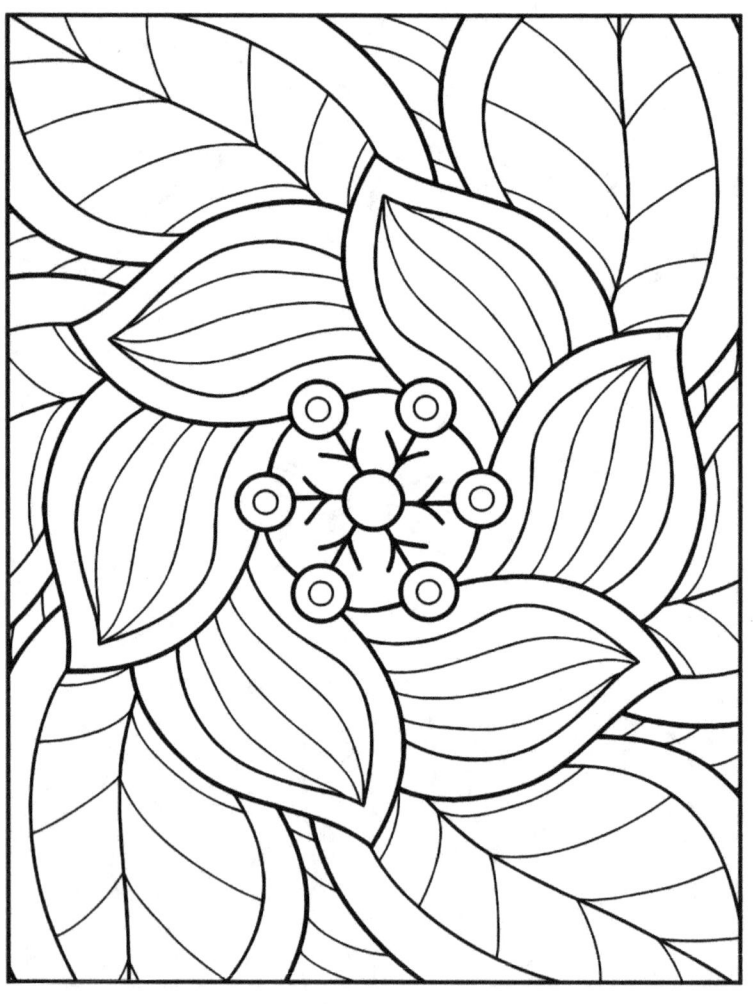

Purposeful Thinking

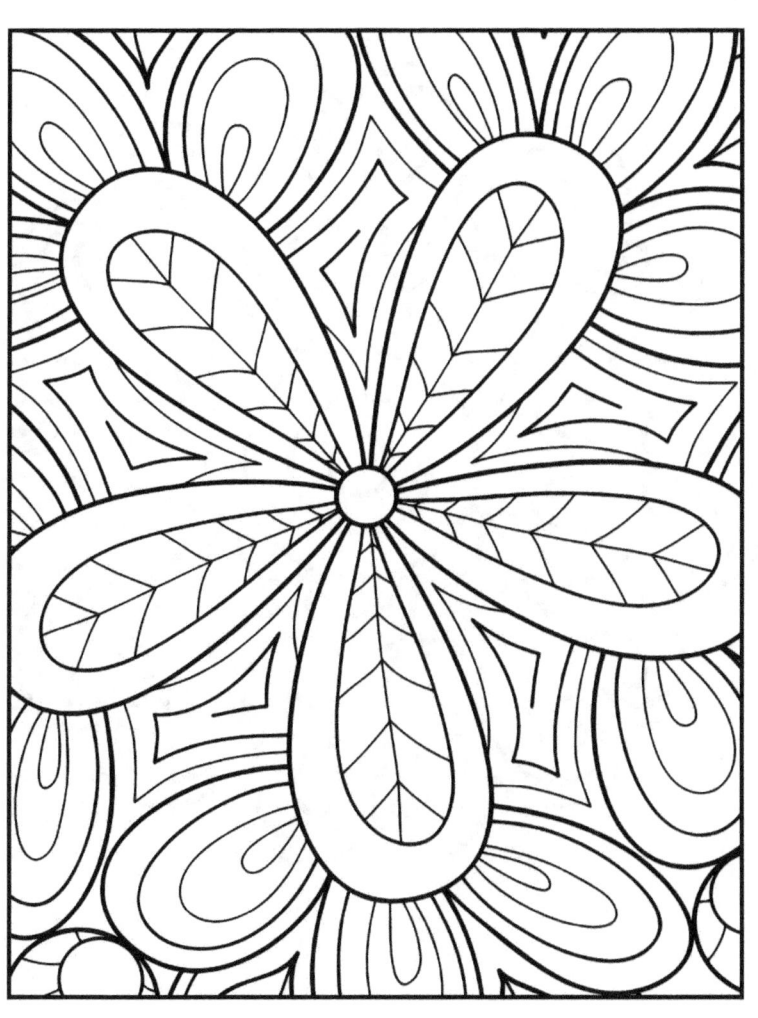

Purposeful Thinking

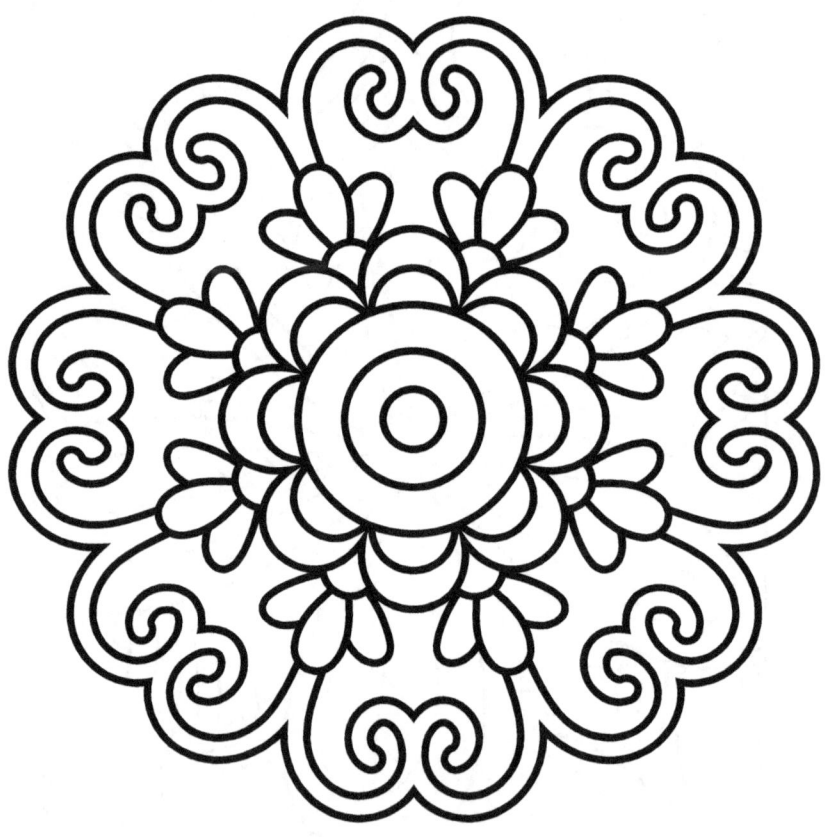

Purposeful Thinking

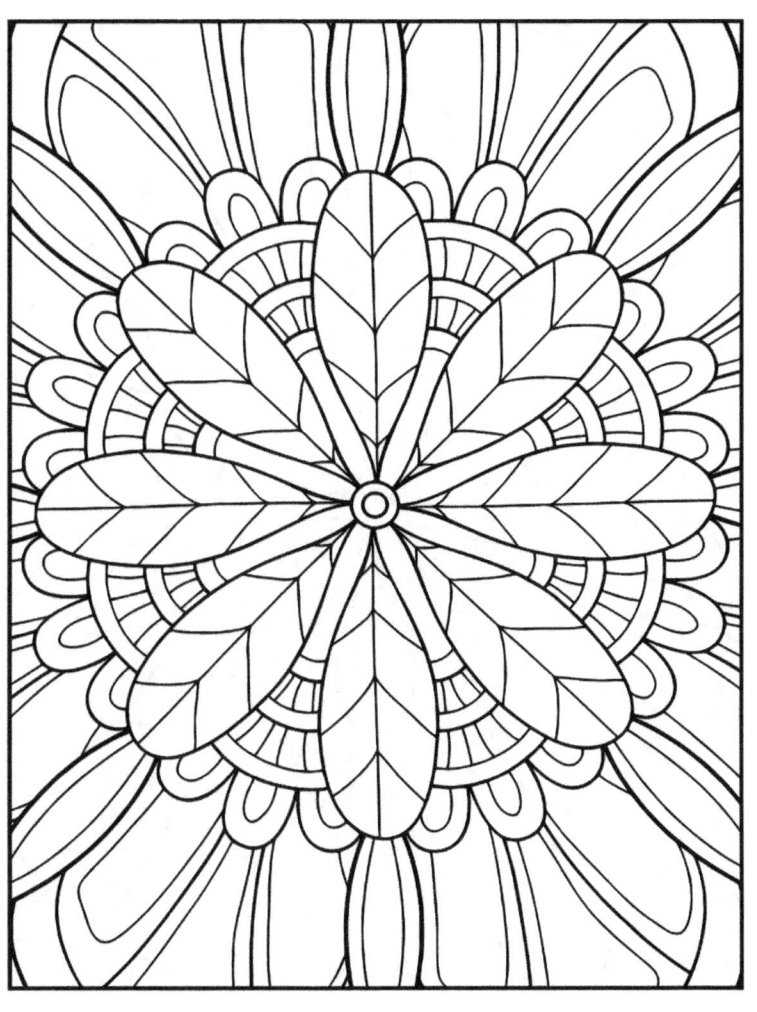

Purposeful Thinking

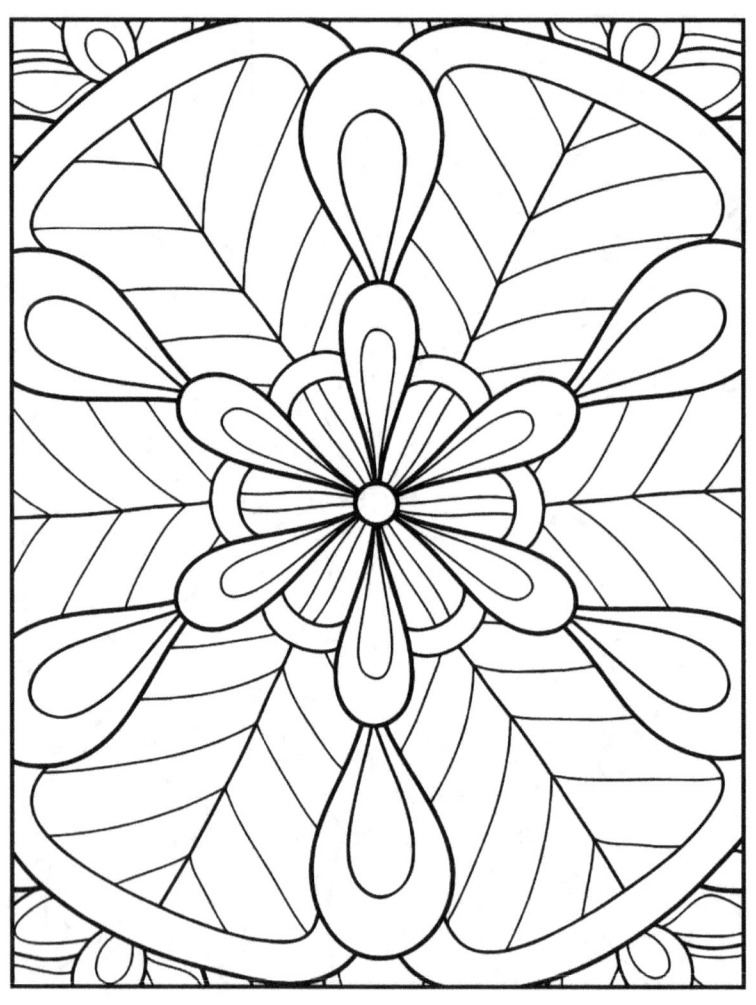

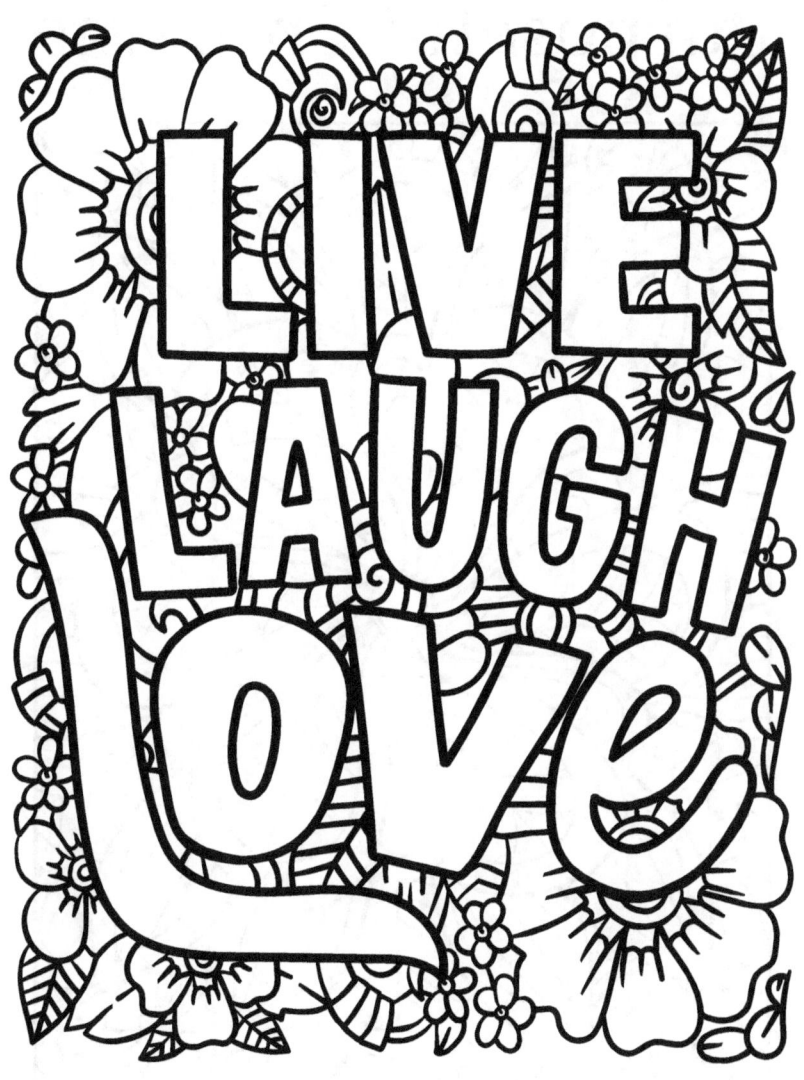

Purposeful Thinking

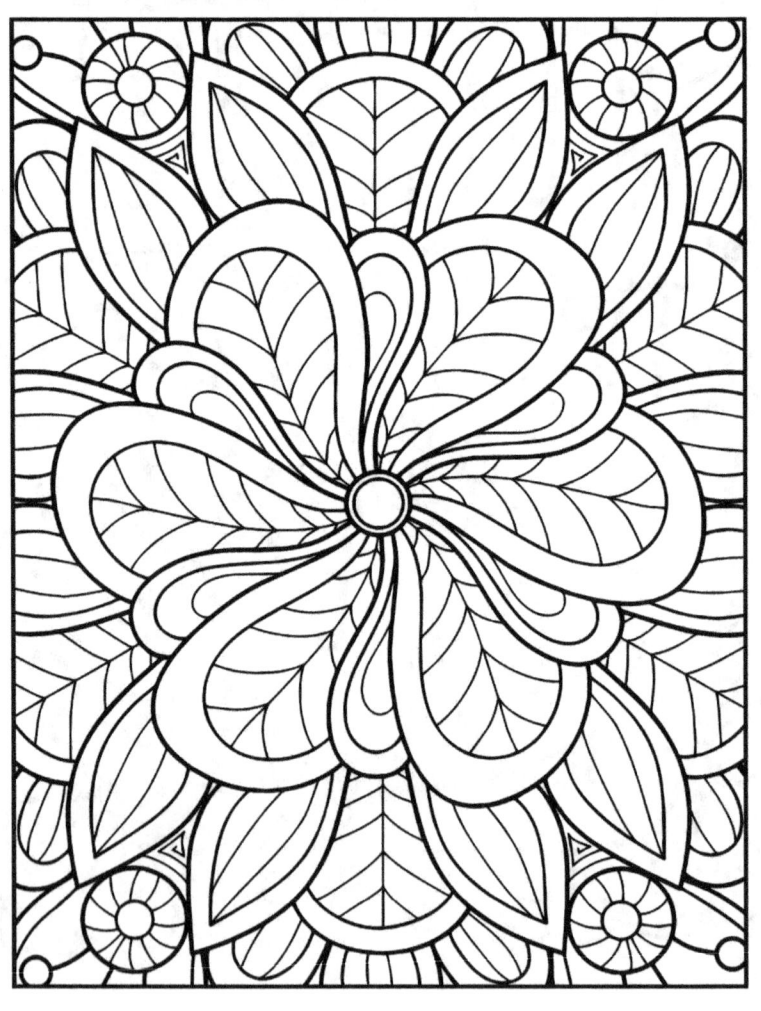

Purposeful Thinking

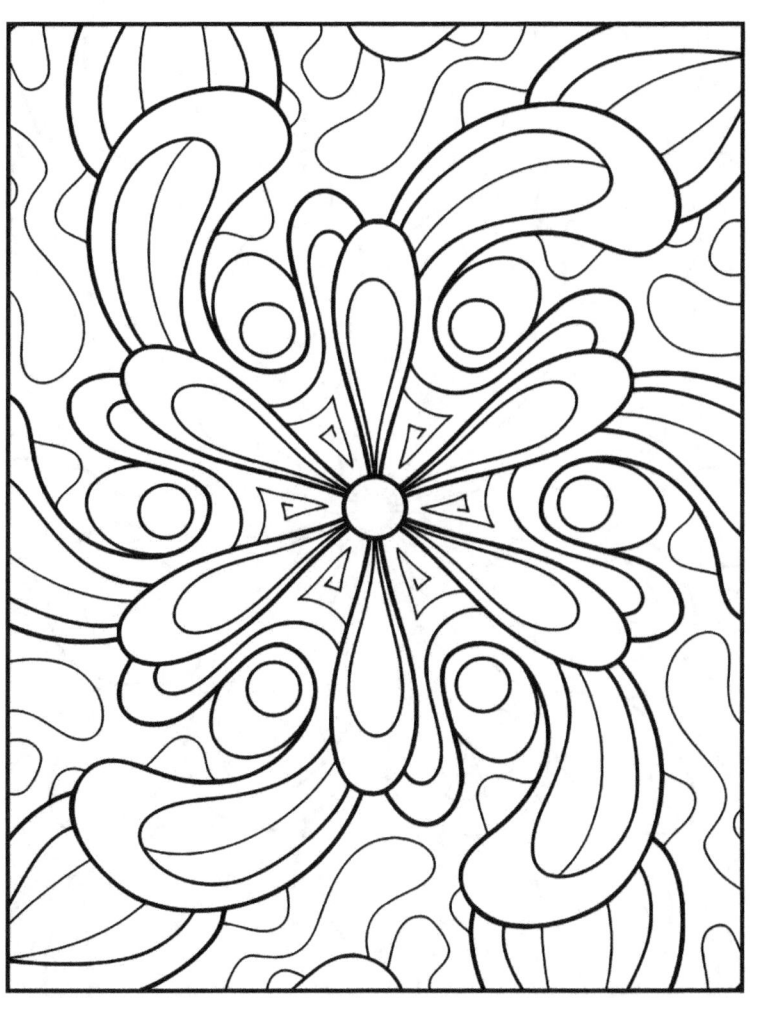

Purposeful Thinking

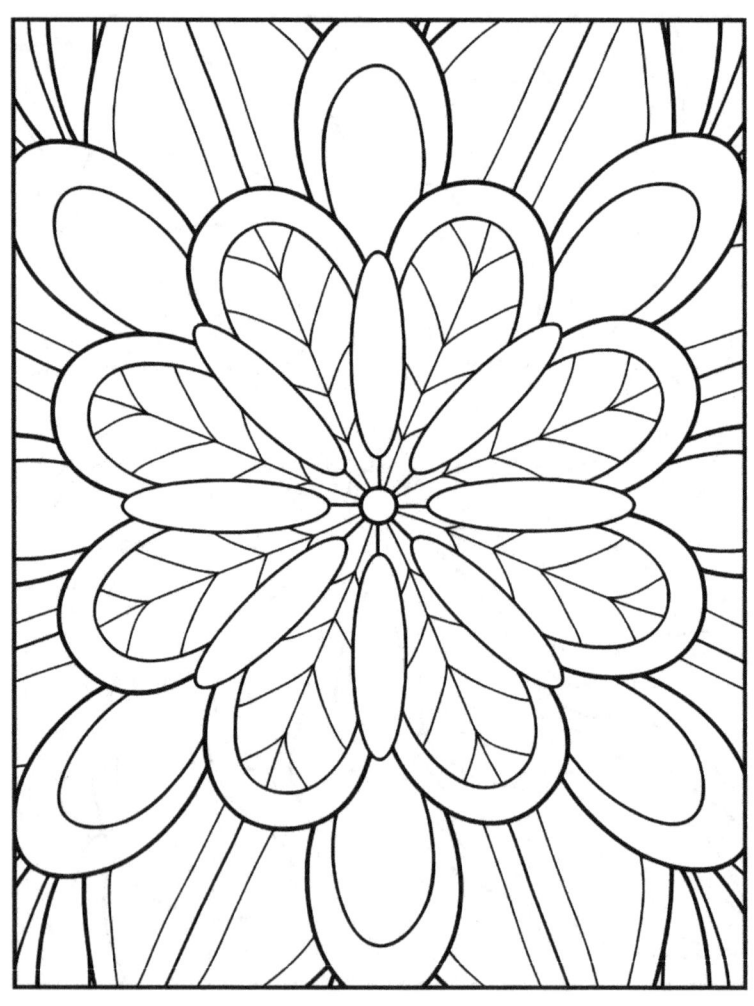

Purposeful Thinking

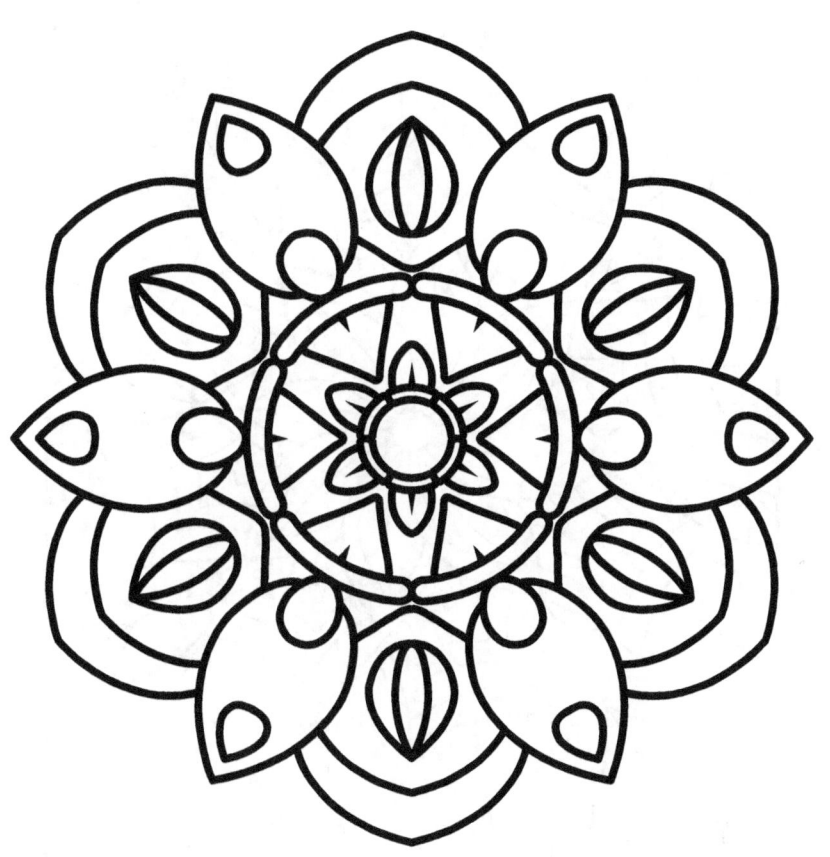

Purposeful Thinking

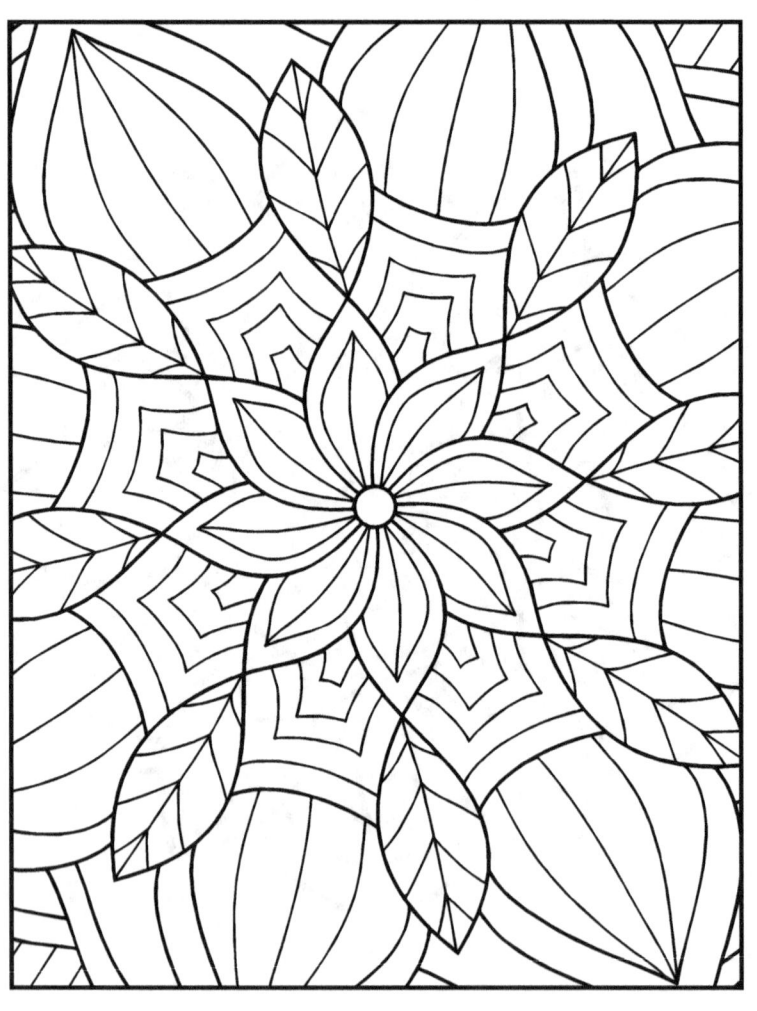

Purposeful Thinking

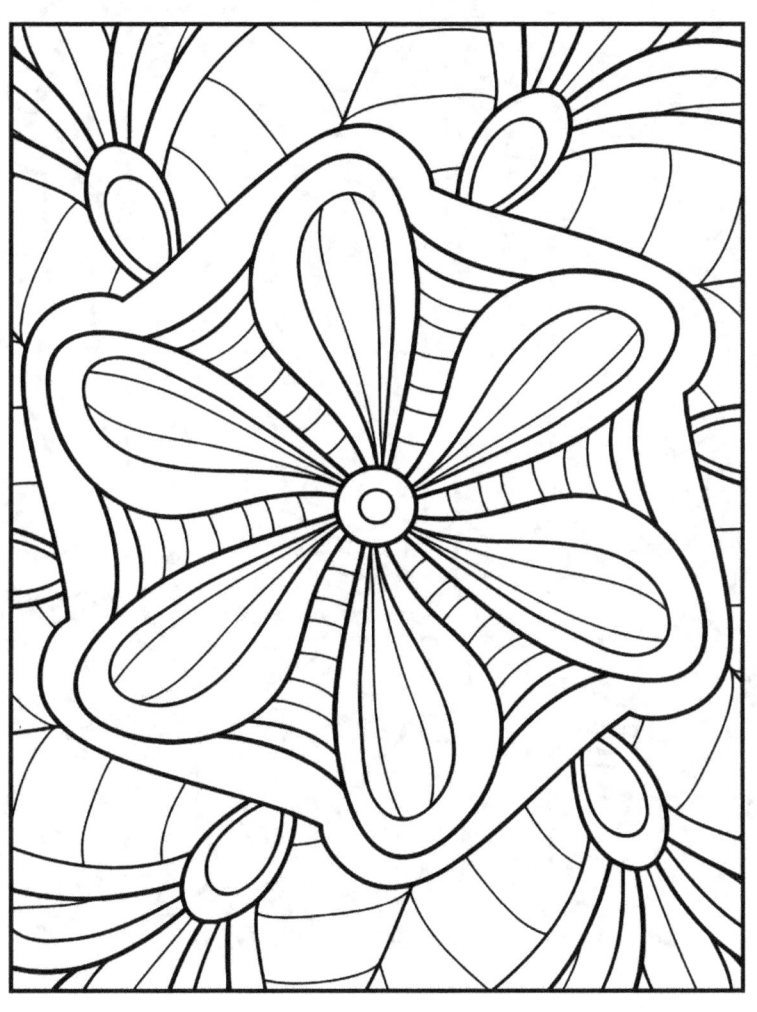

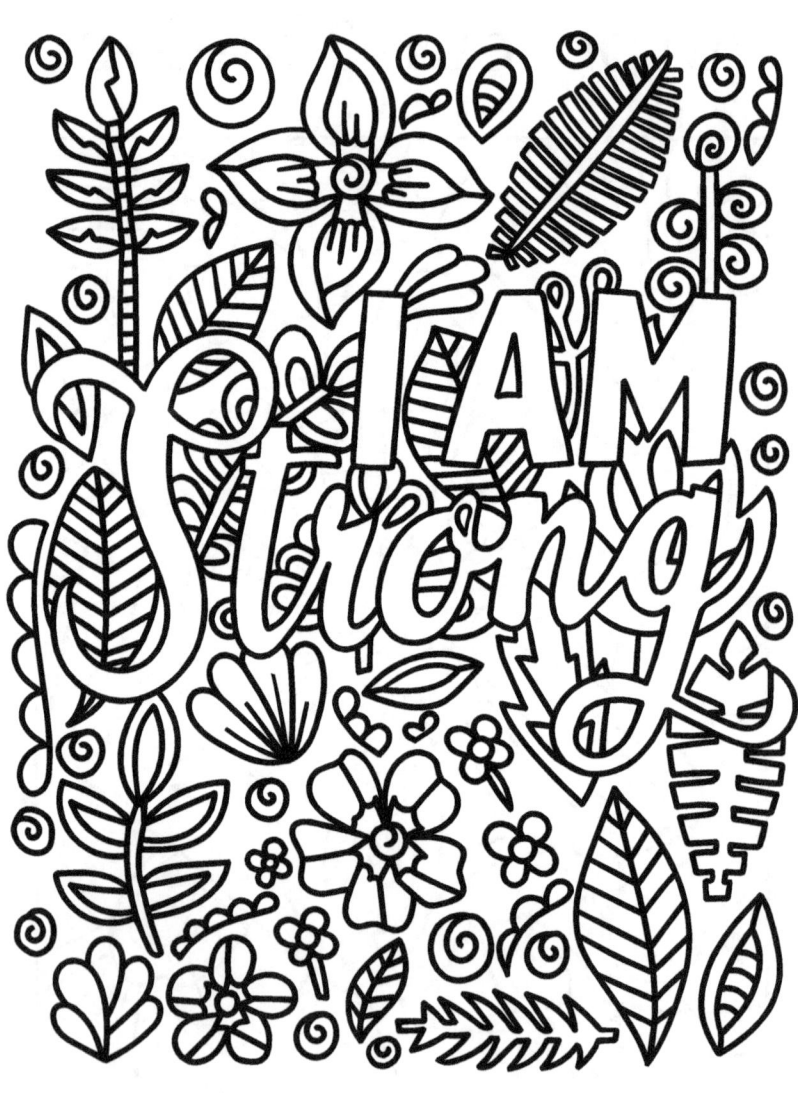

Purposeful Thinking

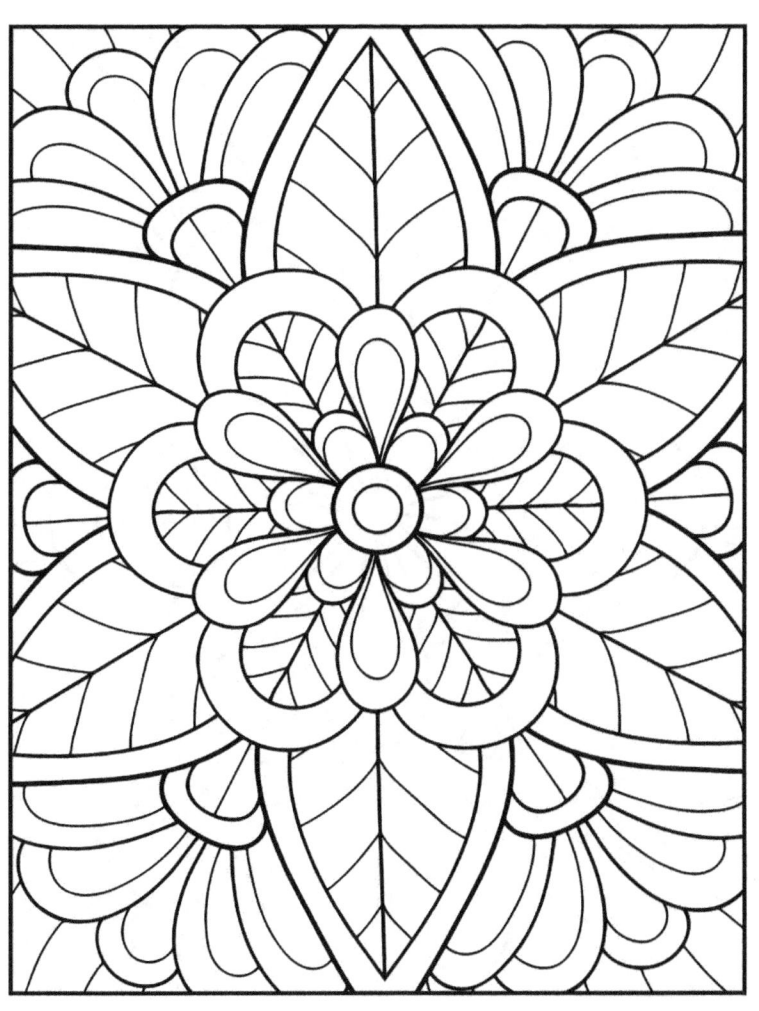

Purposeful Thinking

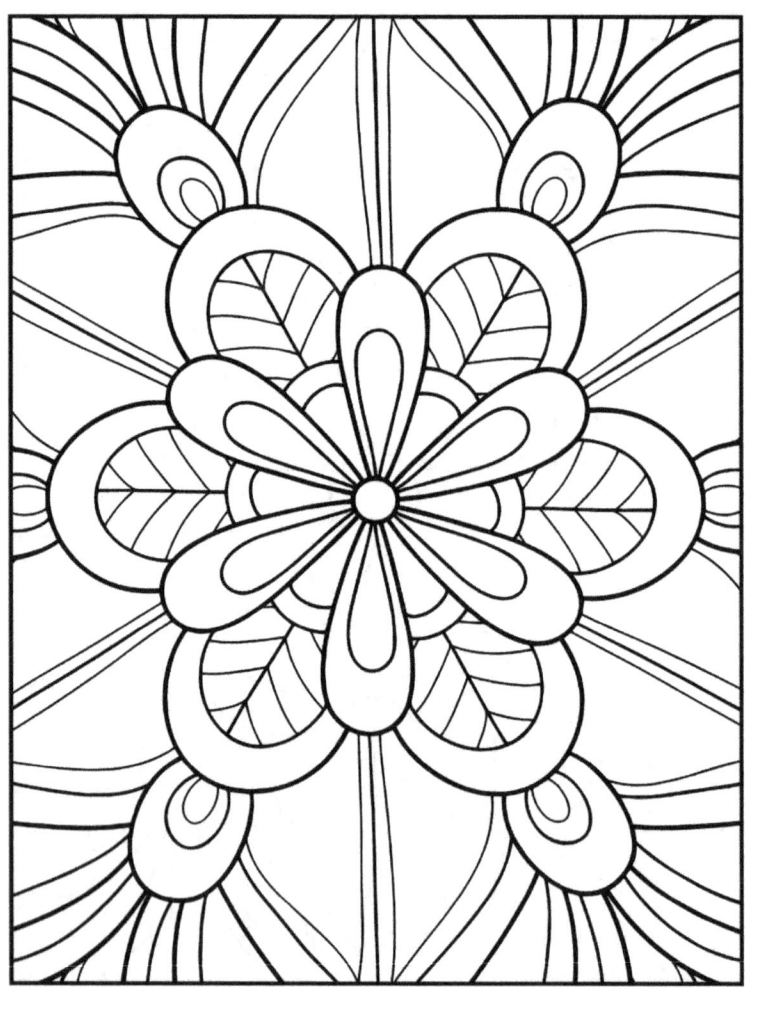

Purposeful Thinking

Purposeful Thinking

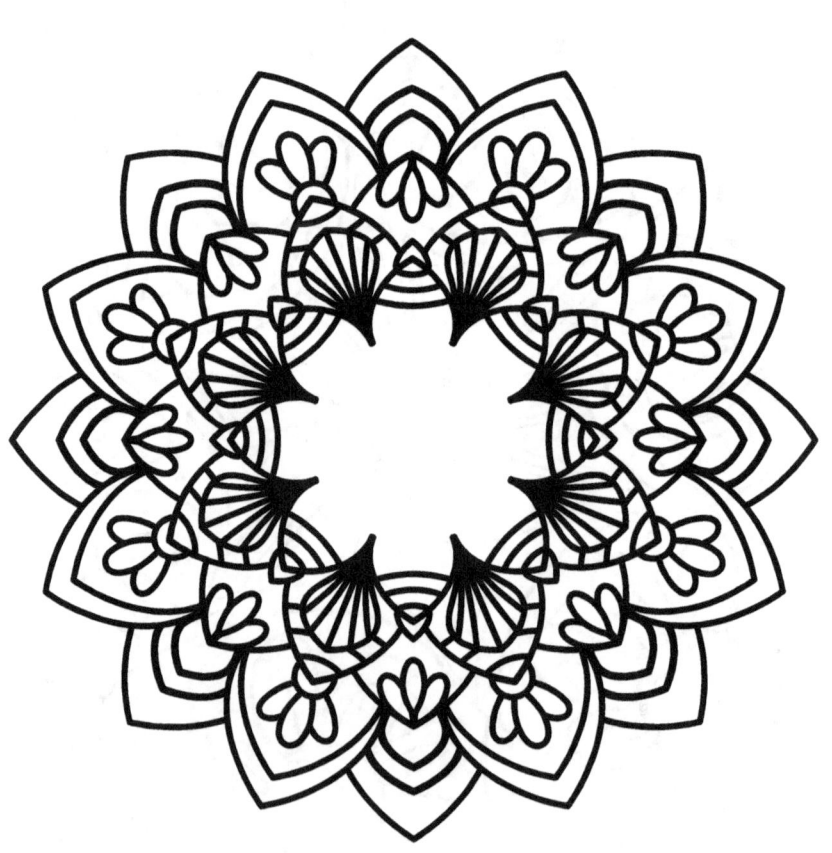

Purposeful Thinking

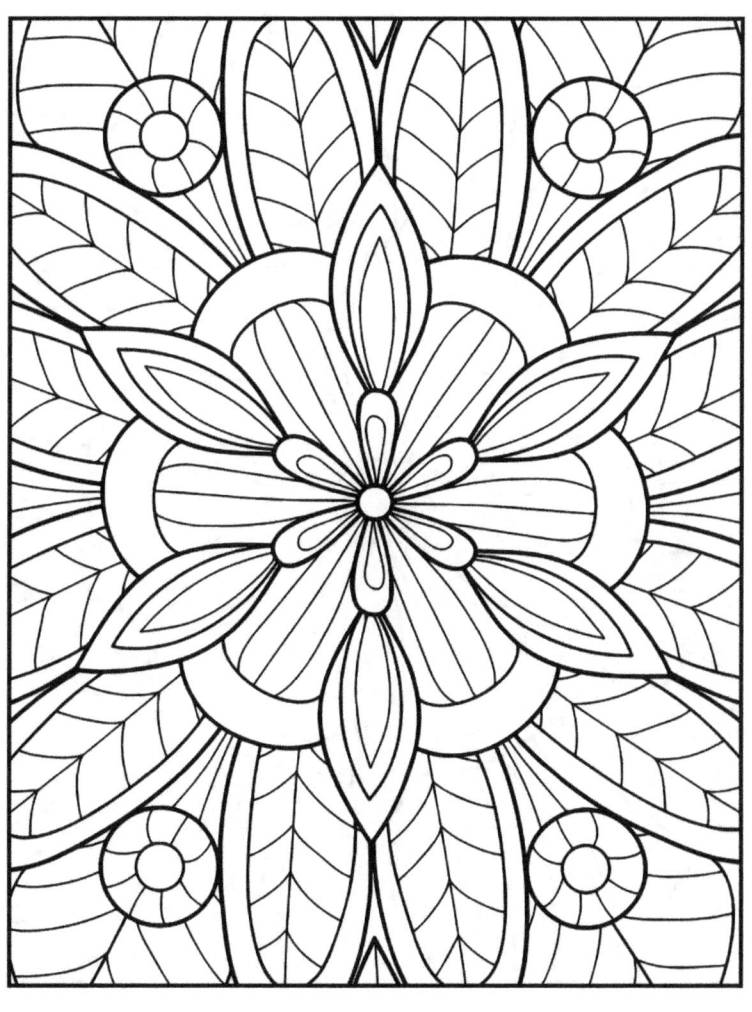

Purposeful Thinking

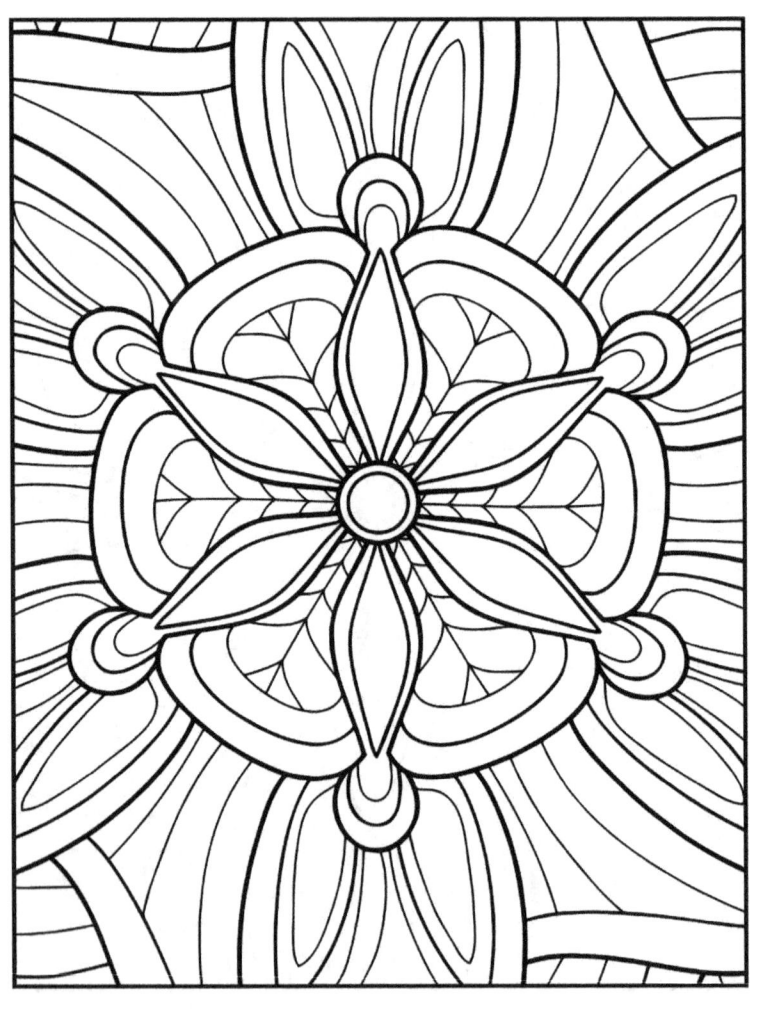

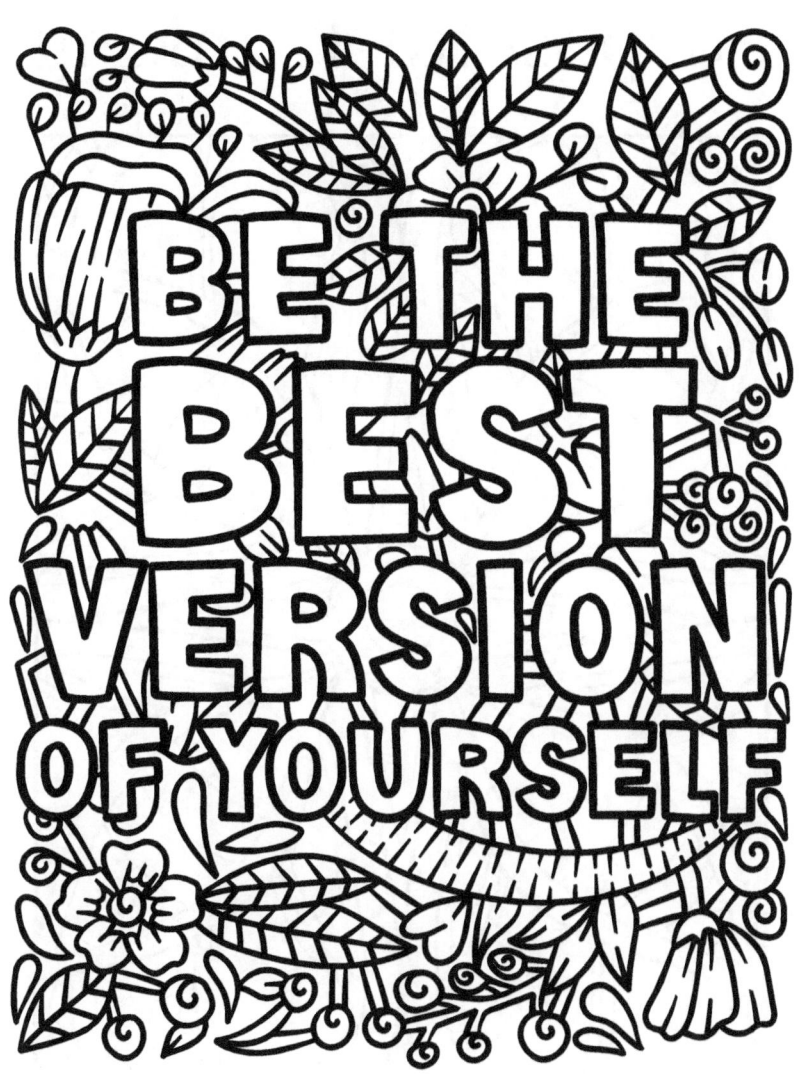

Purposeful Thinking

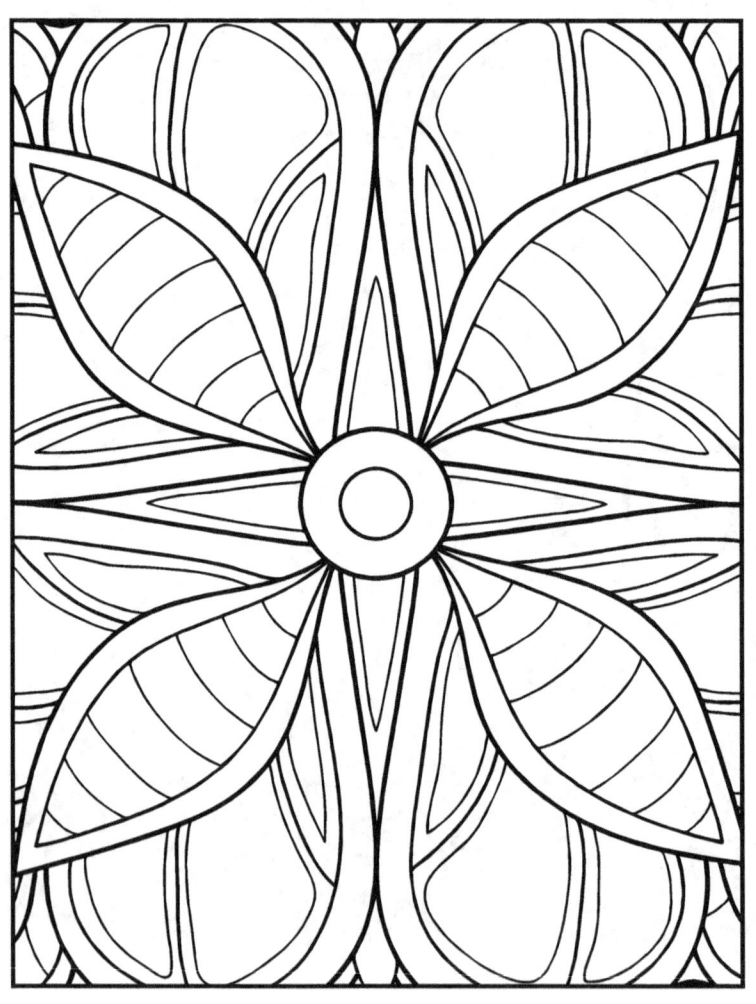

Purposeful Thinking

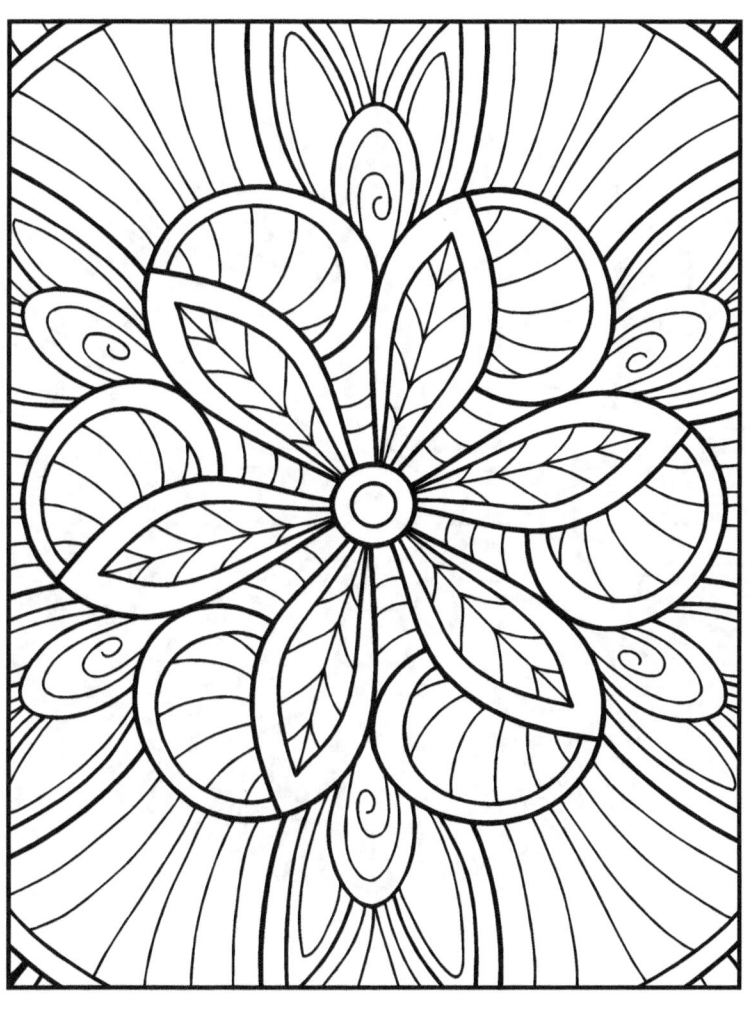

Purposeful Thinking

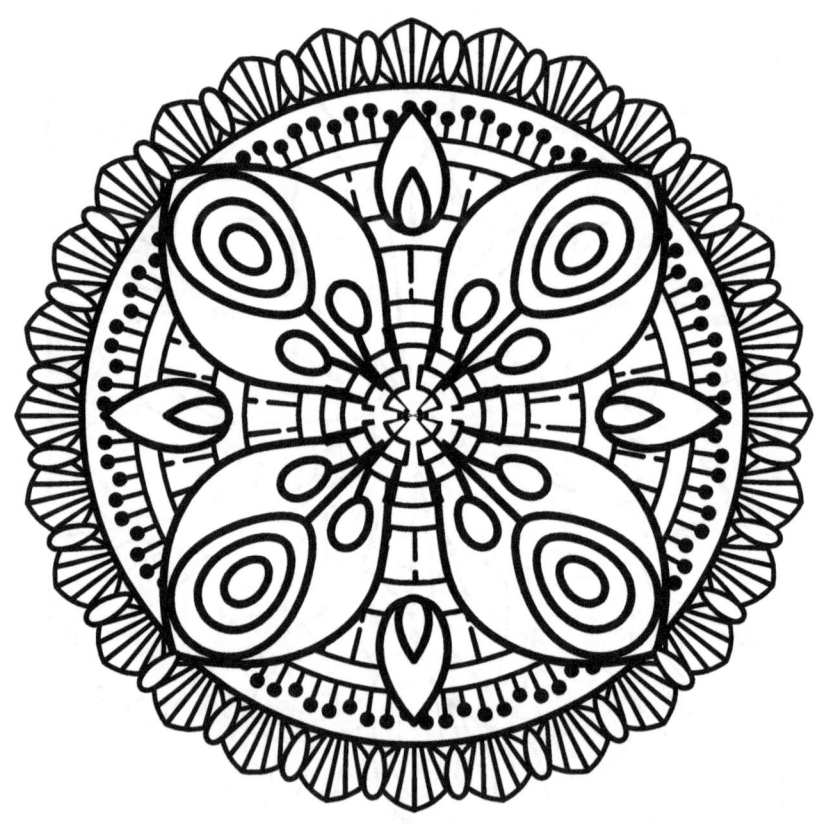

Purposeful Thinking

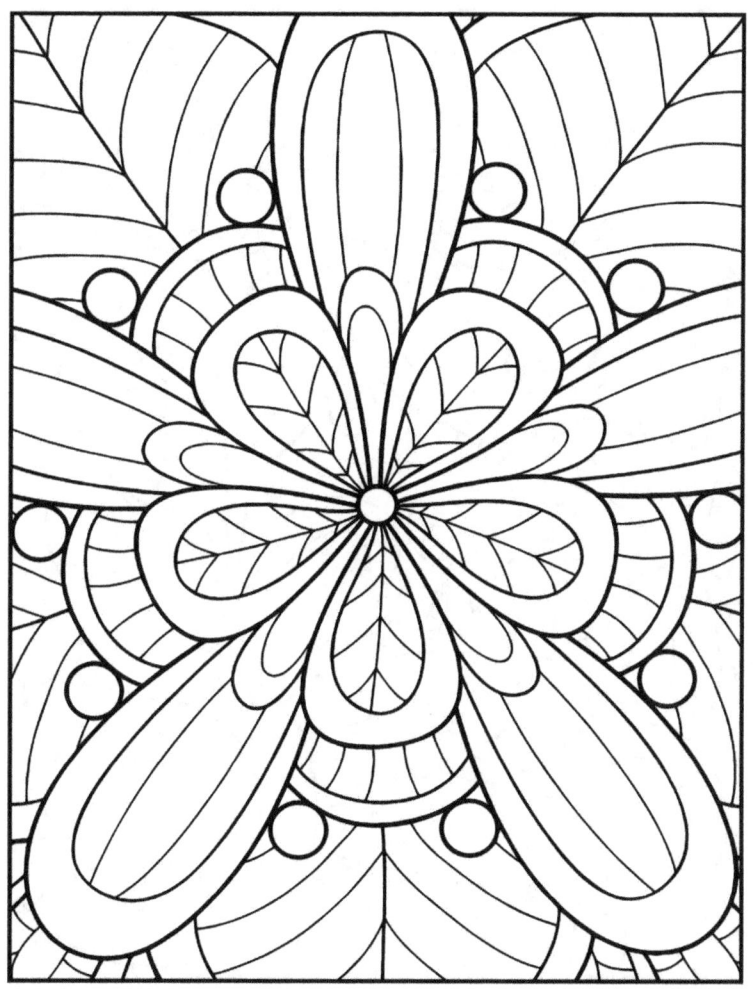

Purposeful Thinking

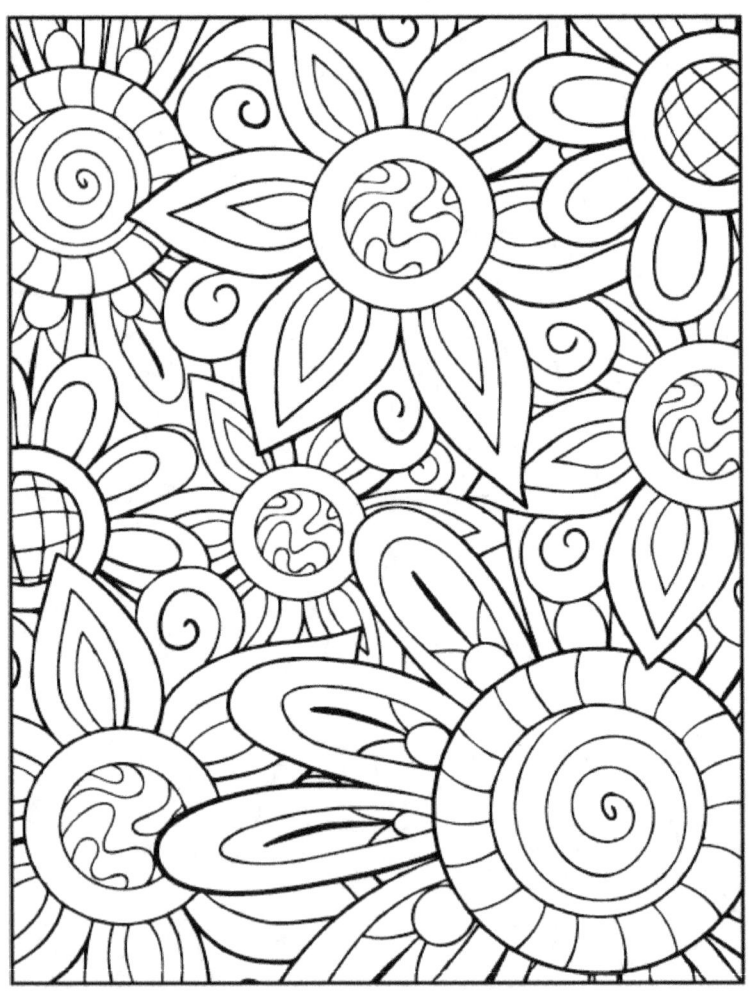

Purposeful Thinking

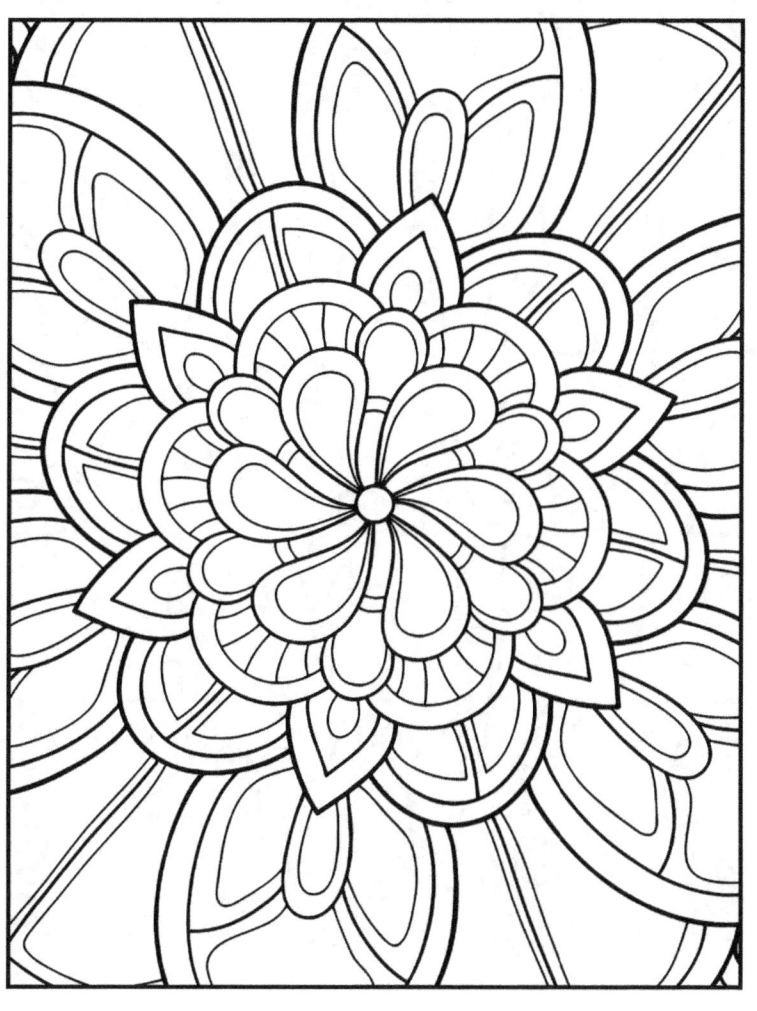

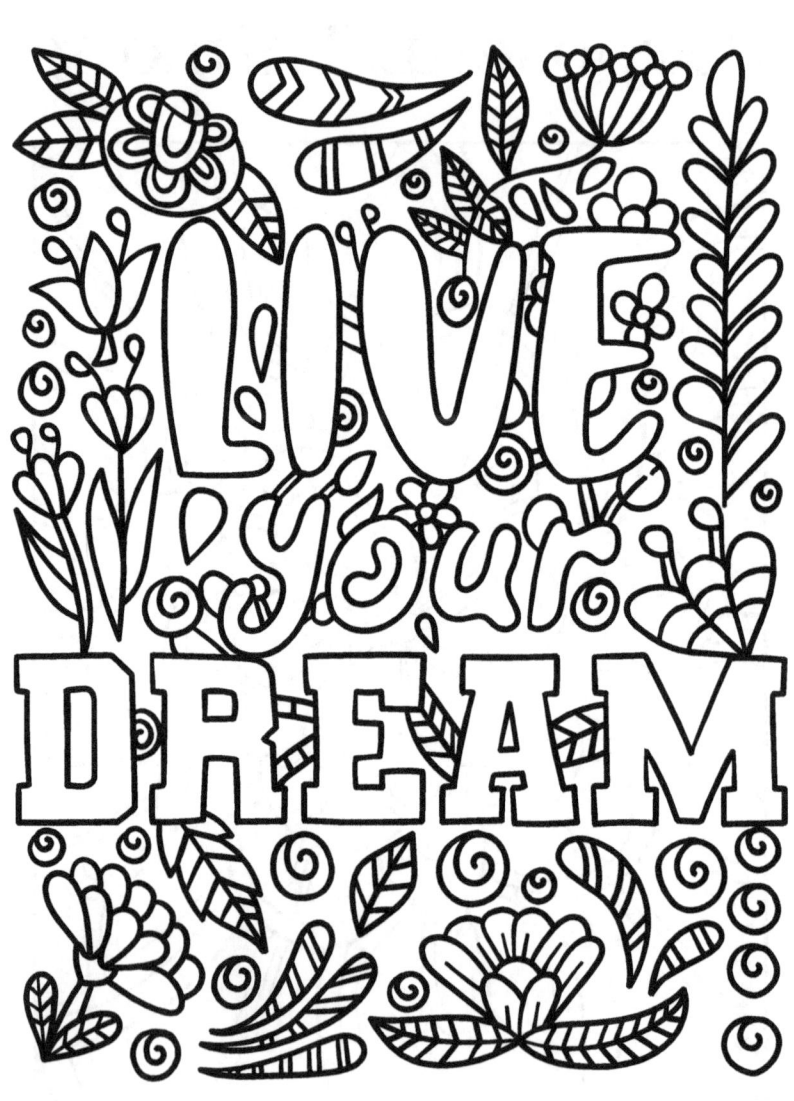

Purposeful Thinking

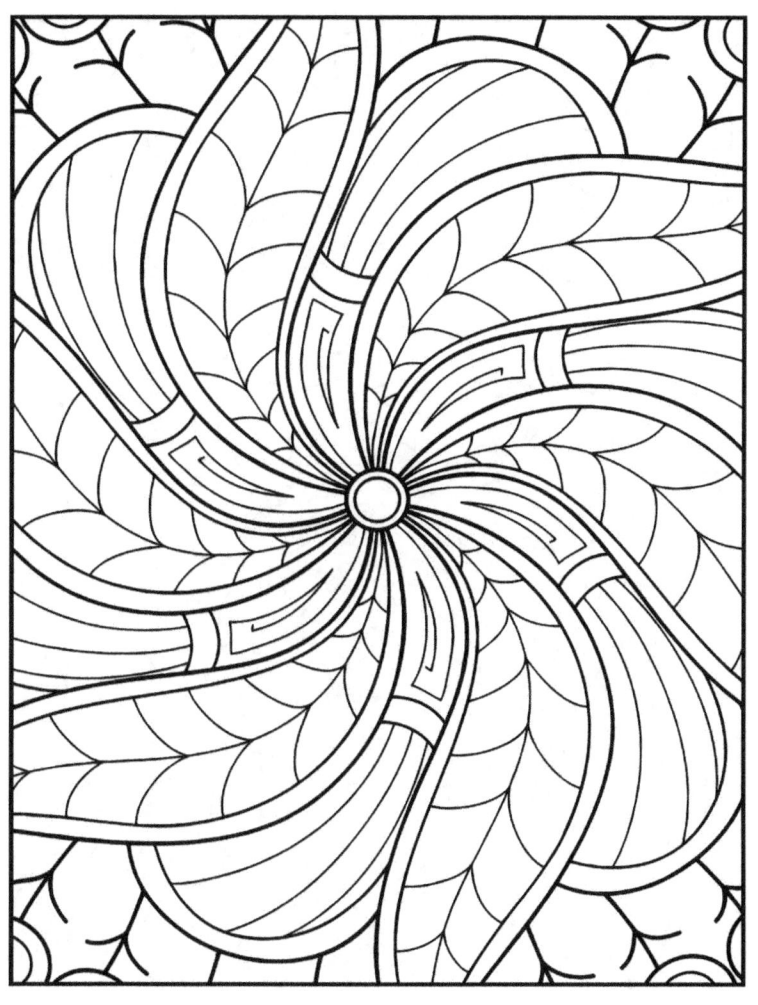

Purposeful Thinking

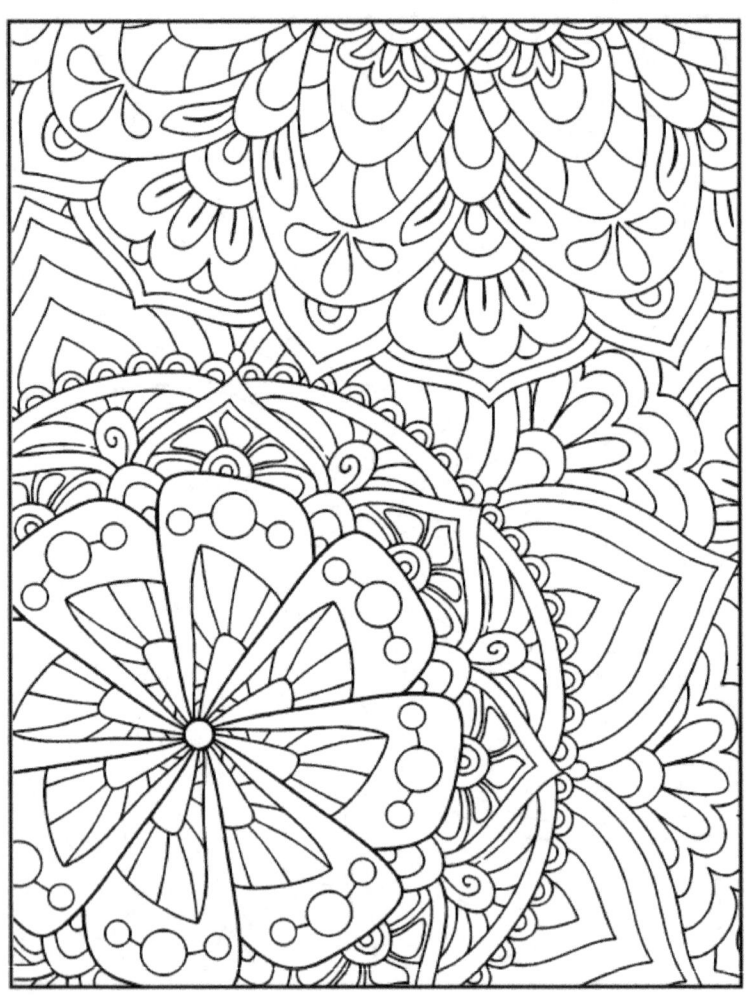

Purposeful Thinking

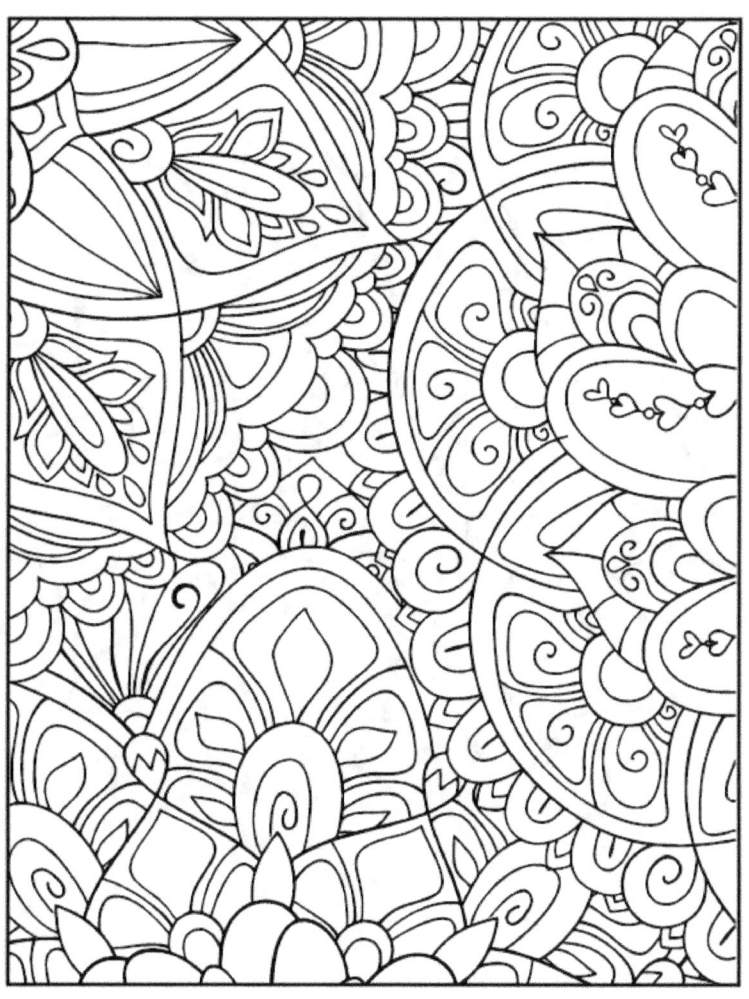

Purposeful Thinking

Purposeful Thinking

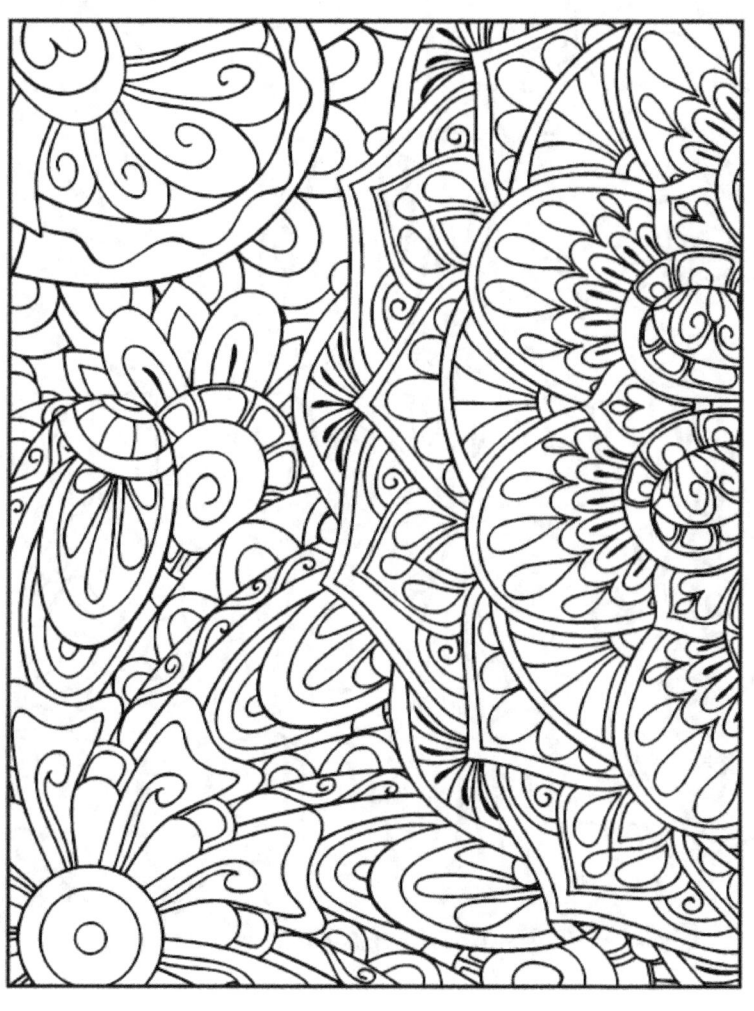

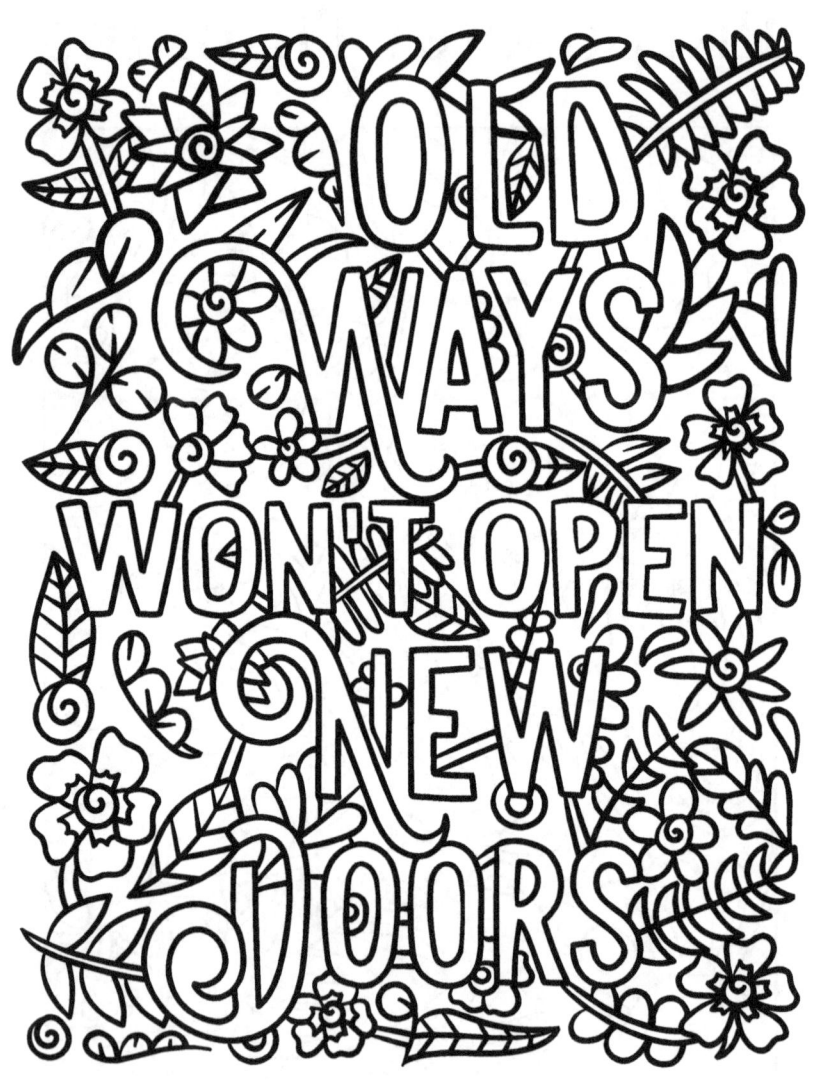

Purposeful Thinking

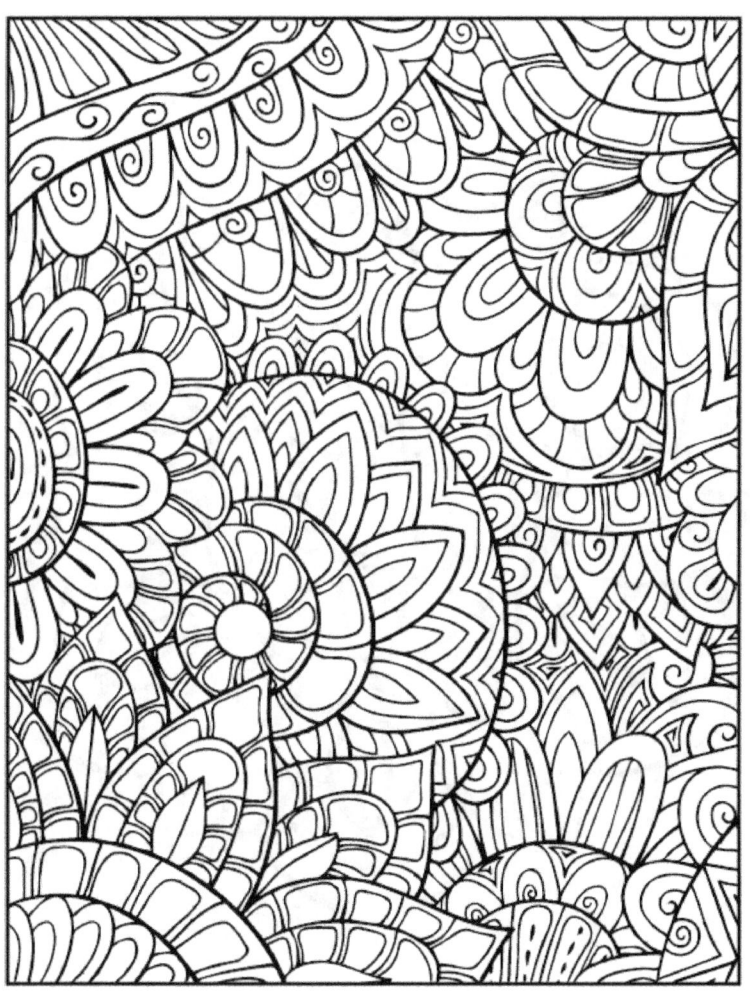

Purposeful Thinking

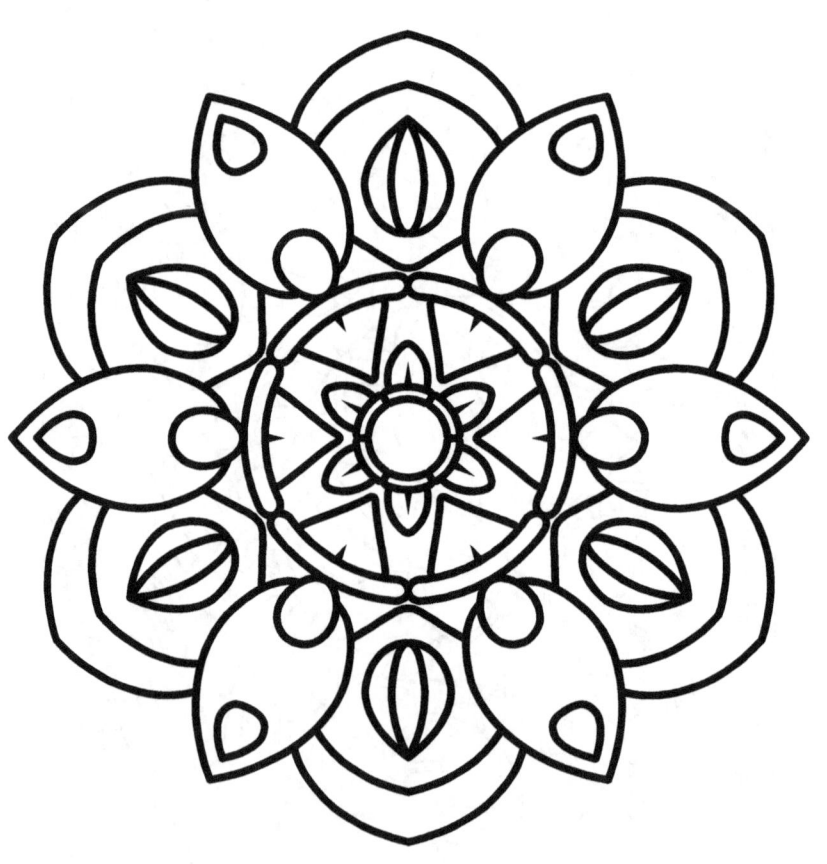

Purposeful Thinking

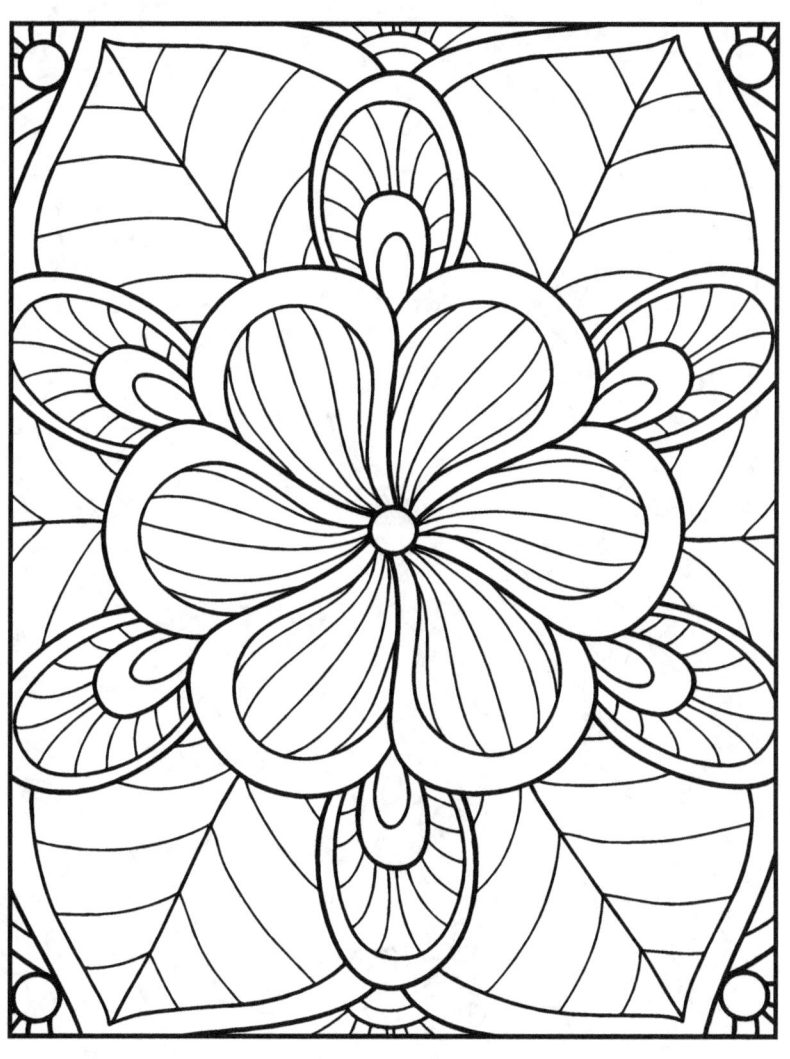

Purposeful Thinking

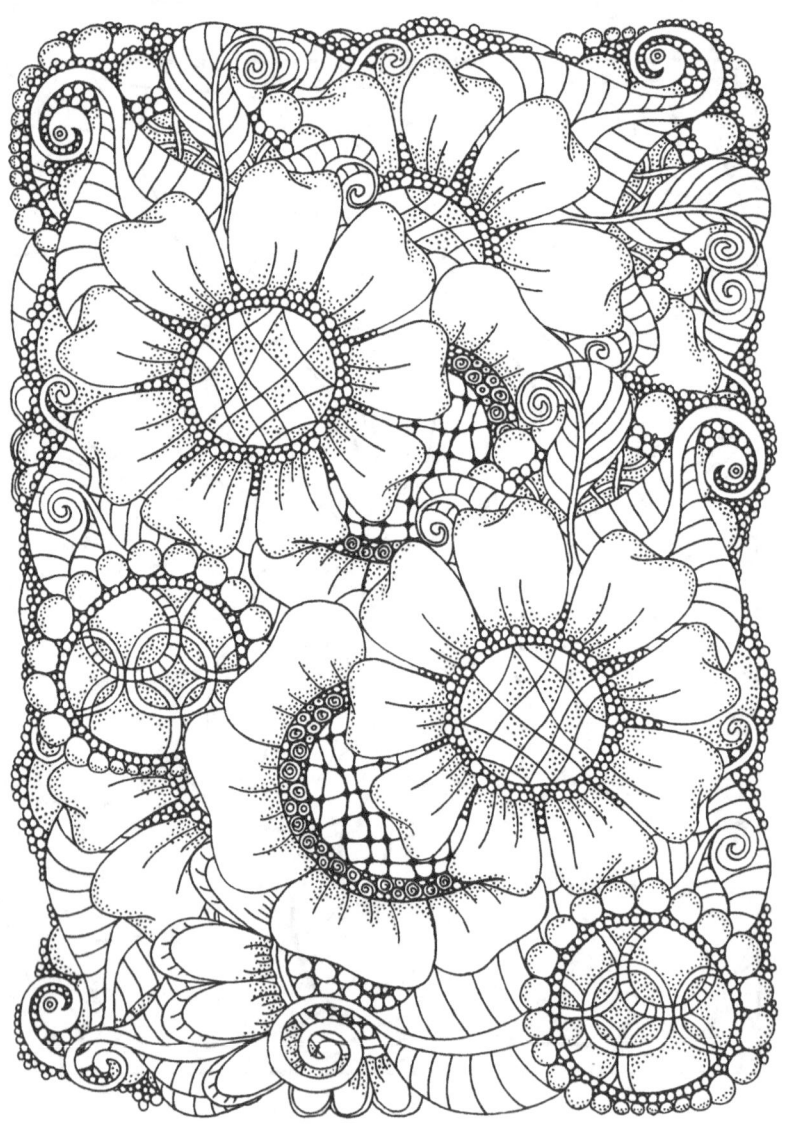

Purposeful Thinking

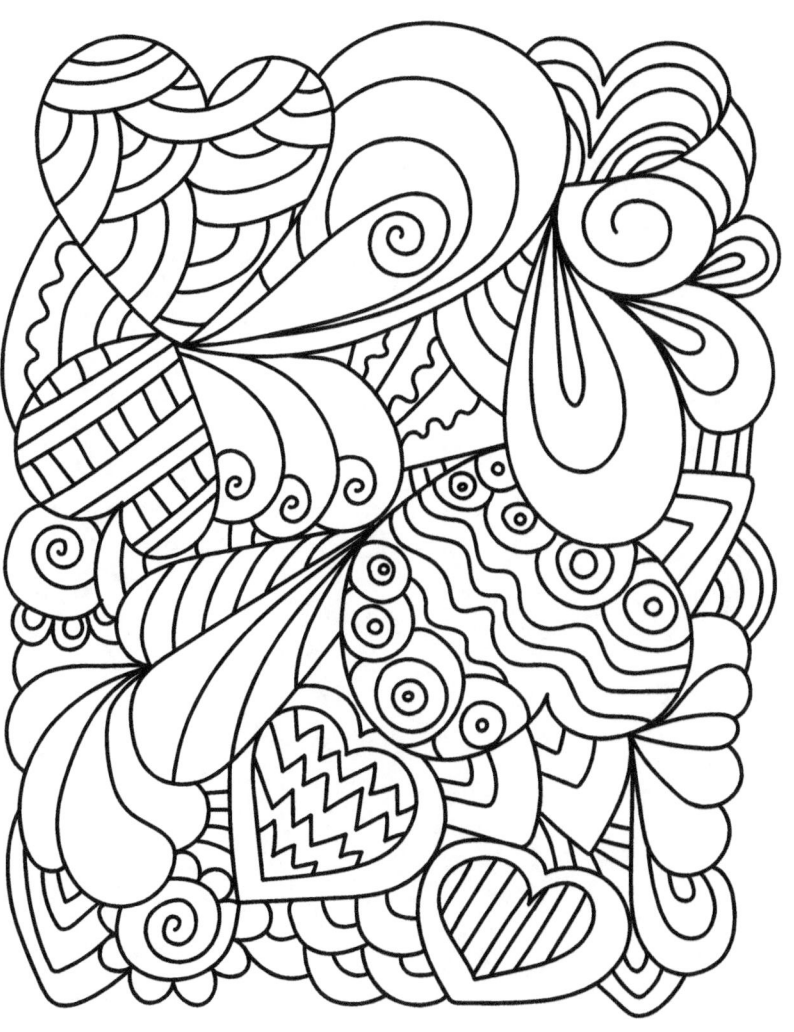

www.ingramcontent.com/pod-product-compliance
Lightning Source LLC
Chambersburg PA
CBHW051538240526
45465CB00027B/698